Das Kochkunstmuseum in Frankfurt am Main

Dokumentation eines Kulturereignisses
1909 bis zum Zweiten Weltkrieg

von
Walter Schwarz

Verlag Waldemar Kramer
Frankfurt am Main

CIP-Titelaufnahme der Deutschen Bibliothek

Schwarz, Walter:
Das Kochkunstmuseum in Frankfurt am Main : Dokumentation
eines Kulturereignisses 1909 bis zum 2. Weltkrieg / von Walter
Schwarz. — Frankfurt am Main : Kramer, 1989
ISBN 3-7829-0387-0

© 1989 Verlag Waldemar Kramer, Frankfurt am Main
ISBN: 3-7829-0387-0
Umschlagzeichnung: Ferry Ahrlé
Gesamtherstellung: W. Kramer & Co. Druckerei-GmbH, Frankfurt am Main

Sich seiner Vergangenheit bewußt zu sein,
heißt Zukunft haben.

Hans Lohberger

Dieses Buch widme ich
Irmgard und Frank

Inhalt

Die Gründung des Frankfurter Kochkunstmuseums im Jahr 1909

»Was schon Carême, der berühmte Klassiker der Kochkunst vor hundert Jahren in Frankreich erträumte, das tritt jetzt endlich, nachdem im Laufe dieser hundert Jahre hervorragende Kochkünstler an der Veredelung der Kochkunst gearbeitet haben, in Deutschland ins Leben.« So schrieb Matthäus Carl Banzer am 15. Januar 1909 in »Kochkunst und Tafelwesen« anläßlich der Eröffnung des Frankfurter Kochkunstmuseums, des ersten Museums dieser Art überhaupt.

Antonin Carême (1784—1833), in dessen Tradition Banzer die neue Einrichtung stellte, war einer der genialsten Köche und gastronomischen Schriftsteller des 19. Jahrhunderts. Mit seinen Kochkünsten verwöhnte er einst seine berühmten Dienstherren, darunter den Fürsten Talleyrand, den Prince of Wales, den Zaren Alexander von Rußland und Baron Rothschild in Paris. Carêmes Idee, ein Museum seines Metiers zu etablieren, war seinerzeit recht ungewöhnlich. Zur Verwirklichung des Planes war die Zeit noch lange nicht reif — doch der Funke sprang auf die Fachwelt über.

Im letzten Viertel des 19. Jahrhunderts griff der Schweizer Kochkünstler Joseph Favre († 1903) Carêmes Idee auf und setzte sich nachdrücklich für die Gründung eines Kochkunstmuseums in der Schweiz ein. Doch selbst in diesem gastronomiefreundlichen Land gelang es ihm nicht, den Plan zu verwirklichen. Erst 1985 konnte, dank der unermüdlichen Initiative von Harry Schraemli, in Thun das Schweizerische Gastronomie-Museum gegründet werden — nachdem es seit dem Untergang des Frankfurter Kochkunstmuseums jahrzehntelang überhaupt keine Einrichtung dieser Art gegeben hatte!

Angesichts dieser Vorgeschichte und auch der Nachwirkung des Frankfurter Kochkunstmuseums möge man die Einmaligkeit und den Stellenwert dieses Instituts ermessen. Es war seinerzeit richtungsweisend für die Fachwelt und trug dazu bei, daß Frankfurt am Main in aller Welt als die Stadt der Kochkunst gepriesen wurde.

M. C. Banzer im Jahre 1920, 53jährig (Foto aus Privatbesitz).

Schon zum Zeitpunkt der Gründung des Instituts hatte Frankfurt als Sitz des Internationalen Verbandes der Köche und als Ort der Internationalen Kochkunstausstellung (IKA) eine besondere Bedeutung für Kochkunst und Gastronomie. Initiator der beiden genannten Institutionen war Matthäus Carl Banzer, der auch der eigentliche Gründer des

Kochkunstmuseums in Frankfurt am Main war. Bereits 1907 plante der von Banzer geleitete Verband, ein kleines Museum für seine Mitglieder einzurichten. Man beabsichtigte, dort unter anderem haltbare Imitationen von Gerichten und Speisefolgen auszustellen, wie sie auf der Internationalen Kochkunstausstellung von 1905 erstmals der verblüfften Fachwelt vorgestellt worden waren. Als dann die einschlägige Industrie für den Plan eines Kochkunstmuseums gewonnen werden konnte und dem Verband daraufhin von dieser Seite rege Unterstützung zuteil wurde, waren die Mittel vorhanden, das ursprüngliche Museumskonzept zu erweitern: Die Einrichtung eines öffentlichen Museums innerhalb des neu zu errichtenden Verbandshauses wurde angestrebt. Nachdem Banzer in dem oben zitierten Artikel die Kontinuität zu Carêmes Idee, »endlich auch der wichtigsten aller Künste eine ständige würdige Pflegestätte« zu schaffen, betont hatte, fuhr er resümierend fort:

»Wohl vermochten diese Bahnbrecher unserer Kunst epochemachende Änderungen darin herbeizuführen und neue Wege zu finden; aber sie fanden unter den obwaltenden Verhältnissen nicht den Mut zur Gründung eines Instituts, durch das die Welt die neuen Wege kennen lernen und den hohen Wert der wahren Kochkunst erkennen konnte.

Ja, nicht einmal für die Fachwelt war in dieser Beziehung gesorgt; denn selbst das notwendigste und naheliegendste Mittel zur Pflege einer Kunst, nämlich die Organisation, fehlte den Küchenfachleuten. Man sollte es fast nicht für möglich halten, daß zur Zeit eines Dubois und Bernard noch keine Korporation bestand, die eine umfassende Pflege der Kochkunst hatte ausüben können. Erst in den letzten zwanzig Jahren trat hierin eine Wendung zum Besten ein. Die Köche organisierten sich, und die Verbände nahmen nicht nur die Berufsinteressen ihrer Mitglieder wahr, sondern sie erblickten ihre erste und vornehmste Aufgabe in der Pflege und Förderung der Kochkunst, in der Vervollkommnung der Ausbildung der Berufsgenossen und in der Stärkung ihrer Berufsliebe und Arbeitsfreudigkeit.

Dieser Aufgabe wurde der Internationale Verband der Köche durch die Herausgabe seiner Fachzeitschrift und mehrerer mustergültiger Fachwerke, ferner aber durch die Veranstaltung von Preisausschreiben und Kochkunst-Ausstellungen gerecht. Der Erfolg seiner rastlosen Tätigkeit war denn auch ein durchschlagender. Viel rascher, als es in früheren neuen Epochen der Fall gewesen war, führte sich die neue Lehre Escoffiers von der Vereinfachung der Anrichtekunst und von der Vertiefung des Geschmacks und des inneren Wertes der Speisen ein, denn die von der Leitung des I.V.d.K. innerhalb sechs Monaten herausgebrachte deutsche Übersetzung des epochemachenden französischen Werkes wurde gierig aufgenommen und die darin enthaltenen Lehren von der gesamten Fachwelt befolgt. Nicht wenig trugen allerdings zum rascheren Verständnis des neuen Kurses die Ausstellungen bei, auf denen die nach seinem System angerichteten Platten die alten dekorativen Kunstbauten aus Fett und Stearin verdrängten. Die neue Mode eroberte sich innerhalb weniger Jahre das Feld mit einer solchen Energie, daß auf den letzten Ausstellungen das Fehlen der schauderhaften Kunstbauten geradezu auffiel.

Vor zehn und fünfzehn Jahren wäre eine solche rasche Einführung eines neuen Geschmacks in der Koch- und Anrichtekunst noch gar nicht möglich gewesen, weil die Fachschriften zur Verbreitung der neuen Ideen fehlten und es niemand eingefallen wäre, ein Werk, wie es der »Kochkunstführer« von Escoffier ist, so rasch der Allgemeinheit zugängig zu machen, wie es in diesem Fall durch den Internationalen Verband der Köche geschah.

Durch diese Erfolge angespornt, trat der genannte Verband vor nunmehr zwei Jahren dem Gedanken der Gründung eines Kochkunst-Museums näher. Die Anregung dazu gab der Verbandsdirektor M.C. Banzer. Zunächst bestand bei ihm nur die Absicht, die vorhandenen Sammlungen von Menüs, Büchern und Plänen in einem dem Verbandsbureau angegliederten Raum ständig zur Ausstellung zu bringen, um den die Bureaus besuchenden Fachleuten Gelegenheit zu geben, wertvolle Anregungen aus diesen Sammlungen zu schöpfen. Da aber der Verband infolge der Ausdehnung seiner Hauptverwaltung an die Erbauung eines eigenen Hauses herantreten mußte, glaubte Banzer auch den Augenblick für gekommen, seine inzwischen ausgereifte Idee zur Ausführung zu bringen. Er stellte daher nach mehreren Besprechungen mit dem Vorstand des Verbandes, der sich für seine Idee erwärmte, in der im August 1907 stattgefundenen denkwürdigen Sitzung des Aufsichtsrates den Antrag, ein Kochkunst-Museum zu errichten und das Verbandshaus dementsprechend zu erbauen. Der Antrag wurde in allen Stücken gutgeheißen und die vorliegenden Pläne genehmigt. Später erfuhr dann das ganze Projekt nochmals eine Erweiterung, deren Notwendigkeit bereits heute bei der Vollendung des Unternehmens völlig erwiesen ist.

Wenn wir nun die Mithilfe aller gutgesinnten Fachleute, sowie auch des interessierten Publikums finden, so wird uns die Durchführung unserer Aufgaben nicht schwer fallen. Unsere nächste Hauptaufgabe wird darin bestehen, eine wissenschaftliche Grundlage für die Kochkunst zu schaffen.«

Am 5. März 1908 wurde auf dem mit Tannenbäumen und Fahnen geschmückten Bauplatz an der Ecke Windmühlstraße/Untermainkai im Rahmen eines Festaktes der Grundstein zu dem Gebäude gelegt, das das Kochkunstmuseum und die Verwaltung des Internationalen Verbandes der Köche beherbergen sollte. Nachdem der Erste Vorsitzende des Verbandes, Alexander Mathis aus Koblenz, die Festgäste, darunter Vertreter der staatlichen und städtischen Behörden sowie zahlreicher Fachverbände, begrüßt hatte, verlas Banzer als Verbandsdirektor die Grundsteinurkunde, die über die Zweckbestimmung des Baus Auskunft gibt:

»Der Verband ist sich stets bewußt gewesen, daß die Grundlage für die Hebung eines Standes und für die Besserung der Arbeits- und Erwerbsverhältnisse in der rationellen Pflege der Berufsarbeit liegt. Der Verband erblickt deshalb neben der wirtschaftlichen Sicherung seiner Mitglieder gegen Notfälle des Lebens seine erste und vornehmste Aufgabe in der Pflege und Förderung der Kochkunst, in der Vervollkommnung der Ausbildung der Berufsgenossen und in der Stärkung ihrer Berufsliebe und Arbeitsfreudigkeit. —

Dieser Aufgabe ist der Verband schon seither durch die Herausgabe zweier Fachschriften und mehrerer mustergültiger Fachwerke sowie durch die Veranstaltung von Preisausschreiben und Kochkunstausstellungen gerecht geworden. Den vollen Erfolg verspricht sich der Verband erst von einer ständigen Pflegestätte, einem Kochkunstmuseum, in dem die ehrenvolle Geschichte und der gegenwärtige Stand der Kochkunst in würdiger Weise veranschaulicht, in dem die Kunstprodukte und Erfindungen der hervorragenden Männer unseres Faches sowie alle auf die Kochkunst Bezug habenden Gegenstände, Präparate und Neuerungen zur Ausstellung gelangen, in dem schließlich auch wissenschaftliche Versuche angestellt, Vorträge gehalten und Lehrkurse eingerichtet werden.

Daß dieses Museum zu einer Zeit gegründet wird, in der die Kochkunst in eine neue Epoche eingetreten ist, wird seinen Wert bedeutend erhöhen. Denn es wird ihm sofort keine geringere Aufgabe zufallen, als an einem Ersatz der durch die Zeitverhältnisse bedingten Einbuße der

Kochkunst an dekorativen Äußerlichkeiten mitzuwirken und zwar durch die Vertiefung des inneren Wertes der Kochkunst und die Schaffung einer wissenschaftlichen Grundlage für dieselbe. Und wie einstens zu den Glanzzeiten der Kochkunst in Frankreich nicht nur Köche und Köchinnen, sondern auch Fürsten und Edle, Dichter und Philosophen tätigen Anteil an ihrer Förderung nahmen, so wollen wir durch zielbewußte Arbeit in unserem Museum erreichen, daß sich auch die Männer der Wissenschaft wieder um die Kochkunst bekümmern, daß man die hohe Bedeutung der Kochkunst für Leben, Gesundheit und Wohlergehen allgemein erkennen und sie nicht nur als eine lediglich dem Vergnügen und der Genußsucht gewidmete Kunst betrachten möge. Um dieser vornehmen Aufgabe gerecht zu werden, will aber der Internationale Verband der Köche seiner Kunststätte ein würdiges Heim schaffen. Möge der Verband in diesem Hause, zu dem wir hiermit den Grundstein legen, weiter wachsen und blühen und seinen großen, edlen Aufgaben stets gerecht werden. Dann wird auch das Kochkunstmuseum seinen schönen Zweck erfüllen und ruhmvoll für alle Zeiten bestehen. Und wenn dereinst dieser Grundstein wieder geöffnet und diese Urkunde der Nachwelt bekannt werden sollte, dann möge es nicht geschehen, weil das, was wir schufen, unterging, sondern weil es in dem von uns errichteten Gebäude keinen Platz mehr hatte und an anderer Stelle größer und schöner wieder erstand.«

Nachdem dieses Dokument von den Anwesenden unterzeichnet worden war, wurde es in eine kupferne Kapsel eingelötet und in den Grundstein gelegt. Regierungsrat Wahrenholz hatte nun die Ehre, die ersten drei Hammerschläge an dem Bau tun zu dürfen. Nach zahlreichen Glückwunschadressen schloß der Festakt mit einem Hoch auf den Verband der Köche.

Schon zu Beginn des folgenden Jahres konnte der Neubau seiner Bestimmung übergeben werden. In diesem Jahr, 1909, stand Frankfurt ganz im Zeichen der Internationalen Luftfahrt-Ausstellung (ILA), und alle waren ergriffen von der Faszination des Fliegens. Zugleich gingen vor allem drei Namen in der Stadt durch aller Munde: Die Frankfurter interessierten sich für Theobald von Bethmann-Hollweg, der — aus der Frankfurter Familie Bethmann stammend — zum Reichskanzler ernannt wurde; sie trauerten um Leopold Sonnemann, den Begründer der Frankfurter Zeitung und herausragenden Bürger der Stadt, der im November im Alter von 78 Jahren starb; sie tratschten über die bildschöne Tänzerin Cleo de Mérode, die der belgische König Leopold so sehr verehrte und die jetzt im Schumann-Theater auftrat. Dies alles beschäftigte die Frankfurter in dem Jahr, als ihre Stadt um ein ungewöhnliches Institut reicher wurde: das Frankfurter Kochkunstmuseum, das — im Gegensatz zu den meisten heutigen Museen — ohne jegliche Initiative der städtischen Behörden entstanden war.

Am 19. Januar 1909 also wurde das Kochkunstmuseum mit einem Festakt eröffnet, zu dem sich Vertreter der staatlichen und städtischen Behörden, des Hotelgewerbes und verwandter Geschäftszweige sowie zahlreicher Mitglieder des Internationalen Verbandes der Köche in dem neuen Gebäude an der Windmühlstraße eingefunden hatten. Zunächst begrüßte der Vorsitzende des Verbandes, Alexander Mathis aus Koblenz, die Gäste. Dann unterrichtete Verbandsdirektor Banzer, der von nun an auch Direktor des Museums sein sollte, die Anwesenden über Aufgabe und Ziele des neuen Instituts und erläuterte den Aufbau der Sammlungen. Stadtrat Stiebel überbrachte endlich die Glückwünsche des Magistrats, der die Bereicherung der Stadt durch dieses Institut als eine einzigartige Sehenwürdigkeit begrüßte, der man wünschen müsse, daß sie stets eine Stätte des guten Geschmacks sein möge. Nachdem die Erbauer des Hauses, die Architekten Vietze und Helfrich, den Schlüssel überreicht hatten, erklärte der Verbandsvorsitzende Mathis das Museum für eröffnet und lud die Gäste zu einem Rundgang ein. Die Feierlichkeiten waren mit einer dreitägigen Ausstellung von kalten und warmen Vorgerichten, Fisch- und Entreeplatten verbunden, einer Spezialausstellung, wie sie jeweils für andere Aufgabengebiete fortan jährlich veranstaltet werden sollte. Die von Dr. med. Wilhelm Sternberg, einem Berliner Spezialarzt für Zucker- und Verdauungskrankheiten, gehaltene Rede über »Das Kochkunstmuseum und seine Bedeutung für die Heilkunst« unterstrich gleich bei der Eröffnung den Anspruch des Museums, auf allen Gebieten der Kochkunst wirksam zu werden, so z.B. auch Anleitung zur diätetischen Küche zu geben.

Zunächst sei ein Blick auf das in nur zehn Monaten erstandene Gebäude selbst geworfen, das das 1903 begründete Architektenbüro Vietze & Helfrich errichtete. Wilhelm Helfrich (1875—1963) und Franz Vietze (1862—1938) erbauten in ähnlichem Stil wie das Kochkunstmuseum auch das Parkhotel (1904/5), das Volksbildungsheim (1908), das

Neue Theater (1910/11), sowie zahlreiche Villen, Fabrikbauten und Geschäftshäuser in Frankfurt. Der eindrucksvolle Bau des Kochkunstmuseums fügte sich harmonisch in die Zeile der schon vorhandenen Häuser an der Uferfront des Mains ein. Wie damals üblich, schmückten die imposante Fassade zur Windmühlstraße hin zwei allegorische Figuren von Franz Vietze, die als ansprechendes Detail über einem Balkon angebracht waren. Die Symbolik dieser beiden Skulpturen, die Prometheus und Ceres darstellten, wurde von den Wandgemälden in der Eingangshalle wiederaufgenommen. Von diesen Wandbildern von Georg Bernhard Liebig (1873—1937) wurden später — so ist es in »Kochkunst und Tafelwesen« zu lesen — »vielfachen Wünschen entsprechend« Radierungen angefertigt, die die Direktion des Museums »als Wandschmuck für Speisesäle, Eingangshallen, Vereinslokale und Wohnzimmer« feilbot. Zumindest das rechte der Wandgemälde dürfte unter dem heutigen Anstrich noch erhalten sein, während das andere im Zuge baulicher Veränderungen durch den Nachbesitzer des Gebäudes wahrscheinlich zerstört wurde.

In einem brillanten Artikel zur Eröffnung des Kochkunstmuseums in der Frankfurter Zeitung schilderte Fritz Bahl, der hier als Zeitzeuge zitiert werden soll, einen Rundgang durch das neue Kulturinstitut und seine wissenschaftliche Schausammlung:

»Zu dem geschmackvollen Bild, das uns das Frankfurter Kochkunst-Museum bieten wird, gehört auch ein schöner Rahmen. Der stattliche dreigeschossige Barockbau, den der Internationale Verband der Köche aus eigener Kraft mit einem Aufwand von rund 400.000 Mark für die Zwecke des Museums und für die Bedürfnisse des Vereins — der Verband zählt rund 6.500 Mitglieder, die über die ganze Erde zerstreut sind — in der schönsten Mainlage, Ecke Windmühlstraße und Untermainkai, hat errichten lassen, erfüllt diese Vorbedingung in jeder Hinsicht. Schlanke Pilaster mit barockisierenden korinthischen Kapitälen, die in schönem roten Sandsteinmaterial, wie das ganze Haus, gebildet sind, geben der nach zwei Seiten hin wirkenden Fassade einen vornehmen, fast villenartigen Charakter. Die Front nach der Windmühlstraße hat außer dem die Flächen belebenden gemeinsamen Schmuck an Kartuschen und barockem Zierat noch einen besonderen erhalten: Ueber dem Steinband, das den Namen des Verbands trägt, schauen Ceres, die Göttin der schöpferischen Naturkraft und die Gestalt des feuertragenden Prometheus auf

16

die Eintretenden hernieder. Im Entree ist der gleiche Vorwurf auf zwei großen Wandgemälden malerisch verwertet. Demeter, von schönen jugendlichen Frauengestalten umgeben, schaut strahlenden Auges den Segen der Erde, die Feld- und Gartenfrüchte in ihren mannigfachen Farben und Formen auf das wogende Kornfeld. Rechts vom Eingang ist Prometheus auf dem Felsen dargestellt; die Fackel in der Hand, sieht er über das blaue Meer, während neben ihm und um ihn die eßbaren Tiere aus Wasser, Erde und Luft in belebter Szene auf den Zweck des Gebäudes hindeuten.

Der Museumsraum liegt im Hochparterre. Er präsentiert sich als ein weiter luftiger Saal, dem durch die hohen Bogenfenster der Fassadenseiten helles Tageslicht zuströmt. Das Ausstellungsmaterial wird in eleganten Glasschränken und Vitrinen untergebracht, wo es gegen jeden Staub geschützt ist. Als der Verfasser dieser Tage einen Rundgang antrat, bekam er noch ein recht unfertiges Bild zu Gesicht. Die vornehme französische Poularde mußte noch mit dem niedersten Geflügelplebs ein Zimmer teilen, und die leckersten Sachen standen ohne Ordnung umher. Der Direktor des Verbandes der Köche, Herr M.C. Banzer, der geistige Urheber des Museums, malte aber die leeren Glasschränke mit solch lebhaften Farben aus, daß man das Museum plötzlich fix und fertig in der Phantasie finden konnte, vielleicht schöner und verlockender, als es in der Wirklichkeit werden wird. Es umfaßt neun Abteilungen.

Die erste Gruppe stellt die historische Entwicklung der Kochkunst vom Altertum bis zur Neuzeit dar. Das Altertum ist zunächst nur durch Bruchstücke vertreten, die erst im Lauf der Jahre ergänzt und aneinandergereiht werden können. Es ist auch natürlich, daß das Museum in seinen jungen Tagen noch kein abgerundetes Bild der gesamten gastronomischen Wissenschaft bieten kann. Dagegen werden das Mittelalter und die verschiedenen Epochen des 18. und 19. Jahrhunderts, die als wesentliche Faktoren für die Kochkunst unserer Tage zu betrachten sind, schon bei der Eröffnung einen erschöpfenden Überblick gestatten. Die zweite Abteilung birgt die Literatur, eine wertvolle Büchersammlung von etwa 500 Bänden, Kochbücher und anderes aus alten und ältesten Zeiten. Eine riesige Sammlung von Menüs und Tafelkarten, die wohl ihres Gleichen sucht, nimmt unsere Aufmerksamkeit in Gruppe drei in Anspruch. In etwa 40 Alben, Fächerständen und Glaskasten werden hier Tischkarten für jede Tages- und Jahreszeit, für jeden Geschmack und Preis, für jede nur erdenkliche festliche Gelegenheit den Besuchern vorgeführt. Schier erstaunlich ist es, welche künstlerische und originelle Mannigfaltigkeit dieser scheinbar nebensächliche Tafelgegenstand zuläßt. Beim Durchblättern dieser zum Teil recht kostbaren Blätter, die von Genüssen erzählen, welche längst verrauscht sind, wird einem so recht bewußt, daß oft mehr Geschmack und künstlerisches Talent nötig sind, eine Tafel würdig vorzubereiten, als ihre Leckerbissen zu würdigen.

Wir finden Menüs von allen fürstlichen Höfen des In- und Auslandes, von politischen und unpolitischen Diners; eines der schönsten Stücke ist das Krönungsmenü des russischen Zaren von 1896. Unter den Altfrankfurter Tischkarten sehen wir die Speisenfolge, die sich die Teilnehmer am Fürstentag (1863) zu Gemüte führten. Der Norddeutsche Lloyd hat ein Album beigesteuert, dessen Karten fürstliche Bankette auf hoher See betreffen. Dieser Teil des Museums soll durch Spezialausstellungen aktueller Menüs dem Publikum jederzeit Gelegenheit geben, seinen Bedarf an erprobten Speisenzusammenstellungen zu decken.

Als Glanzpunkt der Ausstellung wird wohl die Gruppe für moderne Kochkunst gelten können. In hübschen, mit viel Sorgfalt gebildeten Modellen zieht die Kochkunst unserer Tage vorüber, die dem Grundsatz huldigt: Alles, was auf den Tisch gebracht wird, muß auch genießbar sein! Die Dekoration, der Augenschmaus mit all seinen bunten Firlefanzereien, die nur dazu da sind, den Appetit während des Essens zu steigern, sollen aus eßbaren Stoffen geschnitzt sein. Es wird uns da neben anderen schönen und appetitlichen Sachen ein »Zukunftsessen« vorgesetzt, das leider nur den einen Fehler hat, daß es, wie die Theateressen der Gegenwart, von Pappe ist. Sonst unterscheidet es sich von den üblichen Zukunftsbildern noch dadurch, daß seine Herstellung nicht außer dem Bereich einer normal eingerichteten bürgerlichen Küche liegt. Weswegen dieses › Zukunftsessen ‹ auch bald seinen Weg von der Küche in den Magen machen wird. Ferner werden da nach Art Schultze-Naumburgs Beispiele und Gegenbeispiele vorgeführt. › So wird gespickt! Und so wird nicht gespickt! So wird dressirt! Und so wird nicht dressirt! (Unsere Hausfrauen mögen sich in Zukunft vorsehen, damit ihnen keine Zurechtweisungen von seiten ihrer Eheherrn widerfahren!) Viele Leute, denen ein Kochkunst-Museum bisher noch als ein höchst überflüssiges Institut vorschwebte, werden ihren Sinn ändern, wenn sie die diätische Abteilung wahrnehmen, die ein bekannter Frankfurter Arzt zum Wohle

Zucker- und Darmleidender beigesteuert hat. Hierher gehört auch die metamorphosische Darstellung einzelner Gerichte, die wir in einem anderen Schrank ausgestellt finden. In Verbindung mit dieser modernen Abteilung ist ein › Salon Culinaire ‹ gedacht, eine Vorführung von eßbaren Spezialplatten, die sich alljährlich im Herbst wiederholen soll.

Wie man aus dieser knappen Aufzählung ersieht, wird das Kochkunst-Museum auch für den Laien-Gourmand ein höchst interessantes und kurzweiliges Studium bilden. Es wird vieles und jedem etwas bringen. Die Köche, die jenseits des großen Wassers ihre Kunst ausüben, haben eine Gruppe amerikanisches Wildgeflügel gesandt; die Küchenmeister des Lloyd werden durch eine Sammlung aller eßbaren Fische aus den von ihnen bereisten Meeren ihr Interesse bekunden. Ein anderer Gastronom zeigt einen veritablen Austern- und Hummerpark, und der Lokalverein der Köche Frankfurts tritt mit einem Schrank voll französischen Geflügels auf den Plan, der manchen Feinschmeckern vielleicht zum erstenmal den König aller Braten, die Poularde in ihrer natürlichen Gestalt und Schöne vor Augen bringt. Von den übrigen Museums-Sehenswürdigkeiten, die allsonntäglich ohne Entgelt › genossen ‹ werden können, erwähnen wir noch das Tafelwesen, den Küchenbau und die Kücheneinrichtungen.

Man sieht, der Horizont der Kunst, mit der man so gerne zu Tische sitzt, ist weit und groß. Wie wäre das auch anders möglich bei einer Wissenschaft, der im Leben eine so bedeutende Rolle zugewiesen ward! Sie ist mit unserem ganzen Tun und Treiben, von der Wiege bis zum Grab, innig verknüpft. Und es wird schon recht sein, wenn Wilhelm Busch, der zeitlebens einen guten Happen liebte, meint:

> › Wer einen guten Braten macht;
> Hat auch ein gutes Herz! ‹ «

Wie in dem Artikel angedeutet, fehlten bei der Eröffnung einzelne der zehn (nicht neun, wie irrtümlich in der Frankfurter Zeitung angegeben) geplanten Hauptgruppen der wissenschaftlichen Schausammlung noch vollständig, zumal vorläufig lediglich der große Parterresaal des Gebäudes eingerichtet wurde. An der Ausstellung wurde jedoch kontinuierlich weitergearbeitet, so daß im April des Jahres 1909 bereits die weiteren Museumsräume des Hauses fertiggestellt waren.

Auch dann noch wurde die Sammlung weiter ausgebaut, so daß sie sich allmählich zu einem repräsentativen Schaufenster für Kochkunst und Tafelwesen entwickelte und immer auf aktuellem Stand blieb. Was heute wie eine Kuriosität aus alten Zeiten anmutet, wie z.B. die Karte des letzten Menüs auf der kurz darauf untergegangenen Titanic (1912) oder die Arbeitsanweisungen aus der Küche des kaiserlichen Hofes in Berlin, war damals topaktuell. Dabei wollte die Ausstellung weder prunkvoll noch sensationslüstern sein. Im Vordergrund stand immer die klare, sachliche Darstellung der zeitgenössischen Situation von Kochkunst und Tafelwesen, wobei natürlich mancher edle Tafelaufsatz oder die nur hier so reichhaltig vorhandenen bibliophilen Ausgaben von Kochbüchern durchaus prächtig wirkten, wenn sie auch nicht allein dieses Effektes wegen ausgestellt wurden. In erster Linie sollte die Schausammlung umfassende Informationen bieten.

Das breite Spektrum der Ausstellung, wie es sich im Laufe der Jahre auffächerte, zeigt die folgende Übersicht über die zehn Hauptgruppen der Sammlung:

1. Die historische Entwicklung der Kochkunst:
Hier wurden u.a. Herstellungs- und Anrichtmethoden in ihrer historischen Entwicklung anhand von Zeichnungen und Modellen, aber auch anhand von Originalgeräten aus alten Zeiten erläutert.

2. Kochbücher, gastrosophische und andere Fachliteratur:
Diese Gruppe umfaßte eine reichhaltige Sammlung von Kochbüchern und anderer Fachliteratur (1938: 3033 Bände), die Walter Bickel 1937/38 in einem Katalog erfaßte. In der Ausstellung wurden thematisch ähnliche Textpassagen aus verschiedenen Zeiten miteinander verglichen, so daß dem Betrachter Zusammenhänge sichtbar wurden, wie er sie sich sonst mühsam anhand von allerlei Fachbüchern hätte erarbeiten müssen. Zudem war eine umfangreiche Autographensammlung vorhanden. Teilweise wurden in dieser Abteilung auch bedeutende Leihgaben gezeigt.

3. Menüs und Tafelwesen:
Das Kochkunstmuseum besaß eine riesige Sammlung von Menüs und Speisekarten aus aller Welt, die ständig aktualisiert wurde. In haltbaren Imitationen wurden preisgekrönte Schauplatten, Einzelgerichte und Speisefolgen bis hin zu Prunkgerichten vorgeführt. Vorübergehend konnten auch interessante Menü-Sammlungen aus fremdem Besitz ausgestellt werden.

4. Moderne Kochkunst:

Durch Zeichnungen und Modelle konnte man sich über die Bearbeitung des Rohmaterials, Anrichtemethoden, Armeeverpflegung, Krankenkost und Diätetik in der modernen, fortschrittlichen Küche umfassend informieren. In diesem Rahmen fand jeden Herbst ein mehrtägiger »Salon culinaire« statt.

5. Rohmaterial und Hilfsmittel der modernen Küche:

Ergänzend zur vorhergehenden Abteilung wurden nicht nur Objekte zu diesem Themengebiet ausgestellt, sondern auch Rohmaterialien in bezug auf ihre Bestandteile und ihren Nährwert wissenschaftlich analysiert und Herstellungsverfahren von Nahrungsmitteln, Konserven, Präserven erläutert. Zudem fanden Wechselausstellungen über hochwertige Spezialrohstoffe statt.

6. Küchenbau:

Hier wurden Pläne und Modelle mustergültiger Küchen vorgeführt.

7. Kücheneinrichtungen:

Auf dem neuesten Stand der Technik unterrichtete diese Abteilung über Herde, Öfen, Kühlhäuser, Eisschränke, Ventilationsanlagen und andere Maschinen.

8. Tafelwesen:

Dem Besucher wurden fachgerecht gedeckte Tafeln, Tafelschmuck, Geschirr und Besteck in neuesten, ebenso wie in historischen Formen geboten. Interessant waren auch die Fotografien und Modelle von Speisesälen in bekannten Hotels und Restaurants, in Schlössern und Ozeandampfern, aber auch in Krankenhäusern und Sanatorien.

9. Büro- und Kontrollwesen:

Hier fand sich alles, was Küchen- und Wirtschaftskontrollen sowie die kaufmännische Verwaltung und Betriebsführung auf gastronomischen Gebieten betraf.

10. Ausstellungswesen:

In dieser Abteilung wurde alles über Fachausstellungen gesammelt.

Anhand dieser Aufstellung wird die breite Spanne der Exponate vom praktischen Küchengerät bis zu kunstvollen Schätzen der Tafelkultur deutlich. Vor allem mit der Aufnahme einfacher Arbeitsgeräte, die damals durchaus noch nicht als museumsreif galten, warf die Ausstellung alle zeitgenössischen Vorstellungen von Museumskonzeption über Bord zugunsten einer umfassenden Information über Kochkunst und Tafelwesen, die auch auf einfache Geräte nicht verzichten konnte.

Wenn auch der Verband die Schaffung einer an das Museum angeschlossenen Akademie zur wissenschaftlichen Erforschung der Kochkunst plante (wozu es allerdings nie kam), so gab sich die Ausstellung doch nicht nur theoretisch, sondern praxisbezogen und allgemeinverständlich. Das Kochkunstmuseum sollte nicht nur das Geschichtsbewußtsein bei Berufsköchen stärken, sondern es sollte vor allem auf aktuellem Stand informieren und damit Kochkunst und Tafelwesen direkt fördern. Professionelle Köche und Gastronomen sollten dabei ebenso angesprochen werden wie das breite Publikum. Zu diesem praxisbezogenen Programm gehörten auch die allwöchentlich gehaltenen Führungen und Vorträge sowie der Service, der brieflich eingegangene fachliche Anfragen und Bitten um Anregungen beantwortete. Vor allem aber sollte zeitgemäße Kochkunst durch die Arbeit in der später eingerichteten großen Lehrküche, der späteren Reichskochschule (1936), gefördert werden. Über den Fortschritt des Kochkunstmuseums in den ersten Jahren seines Bestehens berichtet folgender Artikel aus der Verbandszeitung »Die Küche« von 1925:

»Den Besuchern der »Internationalen Kochkunstausstellung«, die das Kochkunstmuseum noch nicht kennen, ist dringend ein Besuch desselben anzuraten. Es ist zwar kein Museum von großer Ausdehnung, aber bis jetzt das einzige Museum (Institut) dieser Art in der Welt. Und kein Besucher, der sich für die Geschichte und die Wissenschaft der Kochkunst interessiert, wird es unbefriedigt verlassen. (. . .)

22

Die Schau- und Lehrmittelsammlung*

»Wir betreten zunächst die Bücher-, Handschriften- und Tafelkarten-sammlung. Nur ein kleiner Teil der im Besitz des Museums befindlichen Riesensammlung von Tafelkarten und Handschriften, sowie der über 1000 Werke zählenden Bibliothek kann natürlich zur Schau gestellt werden, aber dieser kleine Teil bildet eine Fülle des Interessanten und Wissenswerten. Wir erblicken da im ersten Schrank die klassischen Werke der Kochkunstliteratur von Carême über Dubois und Bernard bis zu Escoffier. Was weiß die Mehrzahl der Fachleute heute noch von den drei erstgenannten? Altmeister Escoffier, den Begründer des modernen Anrichtsystems und Verfasser des Kochkunstführers kennen sie wohl. Hier sehen sie nun die Werke Carêmes und die gigantischen Leistungen von Dubois und Bernard, der beiden berühmten Küchenmeister Kaiser Wilhelms I. ausgestellt, die nicht nur ihre ganze freie Zeit für die Nieder-schrift ihrer unvergleichlichen Werke opferten, sondern auch horrende Summen für die meisterhaften Zeichnungen opferten, die ihre Werke zu hunderten zieren. Und neben diesem Schrank sehen wir an den Wänden unter Glas zahlreiche Handschriften dieser Meisterköche und Schrift-stücke aus ihrem Leben und Wirken, darunter die Rechnung über das Probeessen, das Bernard im »Hotel Messmer« in Baden-Baden für den Prinzen von Preußen, nachmaligen Kaiser Wilhelm, kochte und einige Aufträge des kaiserlichen Hofmarschalls zur Ausführung von Galadiners beim Besuch fremder Fürstlichkeiten. Alle diese Sachen wurden dem Museum von der Witwe des berühmten Klassikers überlassen. Neben den Büchern dieser Klassiker sind sämtliche bedeutsamen Werke des letzten Jahrhunderts in dieser Gruppe ausgestellt.

Ein Stück Kulturgeschichte erzählt uns die Menügruppe, in der natür-lich auch nur ein Teil der Riesensammlung der Menüs ausgestellt ist. In den Glaskästen des ersten Menüschrankes sehen wir die Menüs der deut-schen Fürstenhöfe, die ja alle mehr oder weniger Pflegestätten unserer Kunst waren. Wir sehen da, daß am Hofe Kaiser Wilhelms I. die Menüs in französischer, bei Kaiser Wilhelm II. aber in reindeutscher Sprache abgefaßt waren. Auch die fremden Fürstenhöfe sind reichlich vertreten.

---

* erschienen in der Zeitung »Die Küche« — 1925 — Heft 20/21

Emile Bernard.

Emile Bernard (1826–1897), Küchenchef des Kaiserhofs in Berlin, war neben Urbain Dubois der geniale Wegbereiter der Kochkunst in der zweiten Hälfte des 19. Jahrhunderts. Bernard und Dubois begannen am Berliner Hof, einfachere Formen von Gedecken und moderne Anrichteweisen zu entwickeln, wobei die Gerichte jedoch streng nach den Regeln der klassischen Kochkunst hergestellt wurden. Mit ihrem noch unübertroffenen Werk »La Cuisine classique« (1856) gehören sie zu den Vätern einer in sich geordneten klassischen Kochkunst. Sie sind damit als die Vorläufer auf dem Gebiet der Standardisierung der internationalen Kochkunst anzusehen wie sie dann der Schöpfer der modernen Kochkunst Georges Auguste Escoffier (1846–1935) durchsetzte. Die Zeit des table d'hôte neigte sich somit ihrem Ende zu.

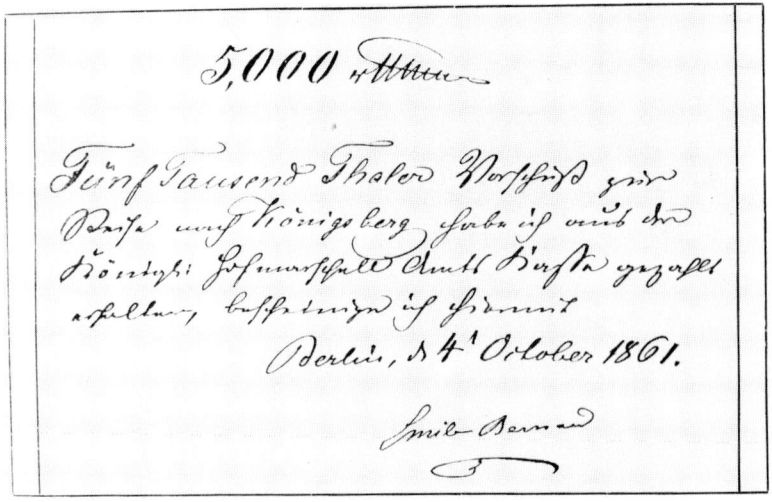

Reproduktion der im Besitz unseres Kochkunstmuseums
befindlichen Originalquittung, mit welcher Küchenmeister Emile Bernard
den Empfang von 5.000 Talern Vorschuß für das Krönungs-Bankett bescheinigte,
das am 18. Oktober 1861 in Königsberg stattfand.
Die Gesamtkosten der Küche für dieses Bankett betrugen 14.622,– Taler.
(Aus der Autographensammlung des Kochkunstmuseums,
die teilweise noch erhalten ist.)

Wir finden Menüs vom englischen Königshof, vom Prinzen von Wales, von Holland, Rumänien, Bulgarien, vom Hofe verschiedener türkischer Sultane und von zahlreichen Gesandtschaften im In- und Ausland. Sehr interessieren werden auch manchen Besucher die Menüs, die anläßlich des Besuches des deutschen Kaisers in der Schweiz im Jahre 1912 gegeben wurden, besonders wegen der beigegebenen Tischordnung, denn beim offiziellen Bankett des Bundesrates saßen 36 Personen um einen runden Riesentisch.

Auf zwei großen Standtafeln ist eine Serie von Menüs und Speisekarten aus deutschen, französischen, englischen und amerikanischen Hotels und Restaurants gegenüber gestellt, die uns neben den gastronomischen Eigentümlichkeiten den gewaltigen Unterschied in der drucktechnischen Ausstattung vor Augen führen. Die Feststellung, welches Land in dieser Hinsicht das Beste leistet, überlassen wir dem Besucher.

In den Gefachen der Menüschränke und auf den Tischen sind eine Anzahl Menü-Alben aufgelegt, deren Durchsicht zwar Zeit erfordert aber für den Fachmann sehr interessant ist. Das bei der Eröffnung des Museums von der Hamburg-Amerika-Linie gestiftete Riesenalbum enthält die historischen Menüs dieser Gesellschaft bis zum Jahre 1908. Sehr beachtenswert sind auch die kleinen Alben des früheren »Russischen Hofes« in Frankfurt a. Main, der auf der Zeil stand, wo jetzt das Hauptpostamt steht, und von zwei bekannten Gastronomen, den Gebrüdern Drexel, geführt wurde. Otto Drexel war Besitzer der größten Kochbüchersammlung der Welt. Dieselbe ging nach seinem Tode in den Besitz eines Berliner Gastronomen über.

Großes Interesse findet auch bei vielen Besuchern die reiche Sammlung humoristischer Tafelkarten. Je nach der Gelegenheit oder dem Beruf des Gastgebers sind da die Menüs auf Leder oder Holz, auf Scharnierbänder oder Nietnägel, als Fahrscheinhefte oder ärztliches Rezeptbuch, auf Anschlagsäulen oder Aschenbecher gedruckt. Solche Menüs haben den Vorteil vor den konventionell ernst gehaltenen, daß sie beim Niedersitzen der Gäste an die Tafel sofort ein Gesprächsthema abgeben, so daß die oft im Anfang herrschende Verlegenheitspause rasch überwunden wird und ein munterer Ton platzgreift.

Wir betreten nun den zweiten Teil des Sammlungssaales. Der erste prächtige Schauschrank enthält die Lehrmittelsammlung der Tafelfische und Krustentiere, die wir den Lesern auch hier im Bilde vorführen. Es ist die vollkommenste Gruppe des Museums. Einzelheiten aufzuführen, würde hier zu weit führen. In dem Schrank gegenüber ist der Werdegang verschiedener Nahrungsmittel dargestellt, so des Kaffees, des Tees, des Zuckers, des Essigs, ferner die Tafelöle und Gewürze. Eine weitere prächtige Sammlung bildet das Tafelgeflügel, unter dem besonders die Poularden und Roueneser Enten, sowie das prachtvolle amerikanische Wildgeflügel, das bei der Gründung des Museums von der Sektion New-York gestiftet wurde, auffallen. Die Unterrichtsmodelle für fertig angerichtete kalte und warme Speisen sind getrennt in solche, die der vergangenen Zeit angehören und in solche der Gegenwart. Diese Abteilung war vor dem Kriege reicher, sie erhielt aber, wie bereits oben gesagt, seit Kriegsausbruch keinen Zuwachs und vieles mußte ausrangiert werden, da sich leider derartige Modelle nicht in ewiger Haltbarkeit herstellen lassen. Wie der Schrank mit den modernen Platten zeigt, haben wir in der Art

Zusammen mit Bernard leitete Urbain Dubois (1818–1901) die Küche des Hofes von Wilhelm I., dem preußischen König und späteren deutschen Kaiser. Wie sein Kollege war auch er bedeutender Vertreter der französischen Küche im Ausland und Wegbereiter der modernen Kochkunst, vor allem aber auch Vorkämpfer der Berufsbildung für Köche. Außer dem mit Bernard zusammen herausgegebenen Standardwerk »La Cuisine classique« (1856) umfaßte die Bibliothek des Kochkunstmuseums folgende Titel von Dubois: »La Cuisine de tous les Pays« (1868), »La Cuisine d'aujourd'hui« (1889), »Ecole des Cuisiniers« (1888), »Nouvelle Cuisine Bourgeoise« (1888), »La Cuisine Artistique« (1872), »Grand Livre des Pâtissiers et des Confiseurs« (1883) und »La Pâtisserie d'aujourd'hui« (1894).

27

Die Menüs des ersten Arbeitstages Emile Bernards
am 26. Juli 1858 im Königlichen Schloß in Coblenz.

DINER.

Consommé printanier
Saumon grillé, sauce béarnaise
Pièce de bœuf à la jardinière
Boudins de foie gras à la Dauphine
Poulets rôtis
Salade
Epinards aux œufs pochés
Tartelettes d'abricots meringuées
Fromage — Glace — Compotes
Dessert.

SOUPER.

Côtelettes de volaille aux petits pois
Filets de perche en salade russe
Mousse aux framboises
Petits pains à la duchesse.

Reproduktion einer im Besitz unseres Kochkunst-Museums befindlichen Service-Einteilung vom Hofe Kaiser Wilhelm I.

Eintheilung

Weißer Saal
Im Anbau } 250 Couv 26 Schüsseln

Königinnen Zimmer
Bilder Gallerie } 340 Couv 34 Schüsseln

Grüner Salon 80
3 Nebenzimmer 120 } 260 Couv 26 Schüsseln
Schwarze Adler Zimr 60

850 Couvert
86 Schüsseln

Die Menüs des ersten Arbeitstages Emile Bernards.

28

der Modellherstellung Fortschritte zu verzeichnen, die es uns nun ermöglichen, diese Gruppe innerhalb des nächsten Jahres wieder auf die Vorkriegshöhe zu bringen...

Der Schrank gegenüber dem Modellschrank für moderne Platten enthält in der Hauptsache eine Darstellung des Werdeganges der verschiedenen Fleisch- und Kraftbrühen nach den Vorschriften von »Escoffiers Kochkunstführer«. Derartige Darstellungen sollen später auch für andere Gebiete der feinen Küche gemacht werden.

In weiteren Schränken sehen wir 120 Modelle eßbarer Pilze, zahlreiche Modelle von fremdländischen Gemüsen und Früchten, die auch bei uns gerne in der feinen Küche verarbeitet werden.

Die hintere Seite des Saales birgt die küchentechnische Abteilung, die natürlich mit Rücksicht auf den begrenzten Raum sich auf Pläne und Darstellungen des Werdegangs von Koch- und Serviergeschirren beschränken muß. Immerhin bietet auch diese Gruppe dem Fachmann viel Interessantes und Belehrendes. Wer bauen oder umbauen will, erhält durch die zahlreichen aus einem Preisausschreiben des »Internationalen Verbandes der Köche« stammenden Pläne manch gute Anregung.

Schließlich sei auch auf die Sammlung altertümlicher und fremdländischer Küchengeräte aufmerksam gemacht, die durch Stiftungen unserer auf Schiffen und in fremden Ländern tätigen Mitglieder zusammengebracht wurde. Dieselbe enthält viele interessante Stücke, doch liegt die Ausdehnung dieser Gruppe nicht in unserer Absicht, da dadurch eine Verzettelung des eigentlichen Zwecks unseres Institutes herbeigeführt würde.

Die Wände der Schränke sind mit zahlreichen Bildern von Kochkunstobjekten aller Art, sowie mit instruktiven Tafeln der Fische, des Schlachtfleisches, des Obstes und dergleichen geschmückt. In den schrägen Schaukästen sind Photographien von Büffets, schönen Kochkunstobjekten und originellen Tafeldeckungen ausgelegt. Auch das von Hotelbesitzer August Stracke in Ostende gestiftete Modell eines Austern- und Hummerparks verdient besondere Erwähnung.

Unter den vielen Fachleuten, die unser Museum während der Kochkunstausstellung besuchen werden, wird mancher gewiß einen für unser Museum geeigneten Gegenstand zu Hause in der Schublade liegen haben, der in unserer Schausammlung nützlicher aufgehoben wäre. Auch bei allen in Zukunft vorkommenden Gelegenheiten sollten sich die Fach-

Monsieur,

J'ai l'honneur de Vous annoncer, que Monsieur le maréchal le Comte Puckler Vous a désigné comme chef pour les affaires culinaires pour la fête des noces de la Princesse Royale Alexandrine avec le Prince Guillaume de Mecklenbourg.

En conséquence je me fais le plaisir de Vous communiquer que

le 9 Décembre nous aurons vers neuf h. du soir (souper) un grand repas pour 500 personnes

le 10. Décembre un déjeuner dinatoire pour 180 pers vers 1 h. après-midi; et

le 11. d. un diner en gala pour peut être 250 personnes vers 3 h.

Ayez donc la bonté de vous préparer a ce service et si c'est possible de m'avertir du jour de votre arrivée à Berlin pour pouvoir le dire à Monsieur le maréchal qui veut savoir le plustôt possible le menu.

J'ai l'honneur d'être

29. novbr 1865.

Ranzei

Aus der Autographensammlung des Kochkunstmuseums (Original und Übersetzung).

30

Mein Herr,

*ich habe die Ehre Ihnen anzuzeigen, daß Herr Hofmarschall
Fürst Pückler Sie zum Leiter der Küchenangelegenheiten
für das Fest der Hochzeit der Prinzessin Alexandrine
mit dem Prinzen Wilhelm von Mecklenburg ernannt hat.*

*Infolgedessen habe ich das Vergnügen Ihnen anzuzeigen,
daß vorgesehen ist
am   9. Dezember gegen 9 Uhr abends eine große Mahlzeit (Souper)
                für 500 Personen,
am 10. Dezember ein déjeuner dinatoire (Gabelfrühstück)
                für 180 Personen gegen 1 Uhr nachmittags; und
am 11. Dezember ein Gala-Diner für etwa 250 Personen
                gegen 3 Uhr.*

*Hätten Sie also die Güte, sich für diese Dienstleistungen vorzubereiten und,
wenn es möglich ist, mir den Tag Ihrer Ankunft in Berlin anzukündigen,
um ihn Herrn Hofmarschall zu benennen, der so bald als möglich
das Menü wissen möchte.*

Ich habe die Ehre

zu sein

29. Novbr. 1865   *Kanzlei*

---

leute unseres Museums besser erinnern, als es seither der Fall war. Wir sind für fachlich bedeutsame oder künstlerisch wertvolle oder historische Menüs, sowie für Bilder von Tafeldeckung in Innenräumen und Küchenanlagen stets dankbar. Wir bitten daher die Besucher, unser Museum auch in dieser Hinsicht in gutem Andenken zu behalten.«

Hier wird auch die finanzielle Seite des Unternehmens deutlich. Zwar war Banzer ein guter Kaufmann und geschickter Organisator, so daß sich der Museumsbetrieb bald selbst trug. Zur Erweiterung der Schausammlung war er jedoch auf Gönner angewiesen. Erst zahlreiche Geldspenden, die Entnahme unverzinslicher Anteilscheine und auch Geschenke von Objekten zur Erweiterung der Schausammlung und der Bibliothek durch Verbandsmitglieder, Hotels und Restaurants, Sanatorien sowie Firmen vor allem aus den Branchen der Nahrungsmittelindustrie und der technischen Industrie ermöglichten den Aufbau einer großangelegten Ausstellung, deren Wert bereits 1911 über 16.000 Mark betrug.

*Museumssaal mit den Exponaten, die sich teilweise in Vitrinen befanden,
im dritten Jahr nach der Eröffnung.*

Einen besonderen Einfall, wie das Kochkunstmuseum um wertvolle
Ausstellungsstücke bereichert werden könnte, hatte der Verbandsvor-
stand 1911: Er führte mit Unterstützung der Maggi-Gesellschaft ein
Preisausschreiben durch, für das Imitationen von Gerichten eingereicht
werden mußten, die prämiiert und dann in die Schausammlung eingegliedert wurden.

Überhaupt interessierte sich neben den Verbandsmitgliedern, die das
Museum als Instrument der Selbstdarstellung ihrer Zunft betrachteten,
vor allem die Industrie für das neuartige Institut von dem sie sich — nicht
ganz uneigennützig — auch Information über fachgebundene Neuerungen und damit überzeugende Werbung für diese Produkte erhoffte. So
hatte die »Deutsche Obstbauzeitung« (Heft 26 von 1910) Ausstellungen
zur Förderung des Obst- und Gemüseanbaus angeregt, die nicht der

Internationale Verband der Köche, sondern der Frankfurter Versuchs-
garten-Verein und andere Fachorganisationen für den Obst- und Gemüse-
anbau im Kochkunstmuseum ausführten. Ebenfalls zur Propagierung
ihrer eigenen Belange forderte die »Konserven-Zeitung« (Nr. 4 von 1911)
den Ausbau der Schausammlung auf dem Gebiet der Konservierung von
Lebensmitteln, über deren Zweckmäßigkeit vor allem das breite Publikum informiert werden sollte.

Der Wert des Kochkunstmuseums für die kultur- und kunsthistori-
sche Forschung wurde zwar erkannt, doch machte die Wissenschaft zu
wenig Gebrauch von den hervorragenden Sammlungen. Noch heute
harren in dem Bereich von Kochkunst und Tafelwesen aus kunst- und
kulturgeschichtlicher Sicht zahlreiche Themen der wissenschaftlichen
Bearbeitung.

Das Interesse des breiten Publikums am Kochkunstmuseum als neue
Attraktion in der Stadt aber überstieg alle Erwartungen. Die besucher-
freundliche Lage, die modernen und beeindruckenden Räumlichkeiten
sowie vor allem die ausgefallene Thematik des einzigartigen Museums
zog die Besucher an. Schon 1911 konnte Banzer daher zusammenfassend
über den Erfolg des von ihm ins Leben gerufenen Unternehmens sagen:
»Unser Museum ist tatsächlich das geworden, was es werden sollte: ein
Institut zur Förderung der Kochkunst, ein Institut zur Bildung und
Belehrung für jedermann, ein Ratgeber in gastronomischen und küchentechnischen Fragen und ein Wahrzeichen für das ideale Streben der
Köche und die edle Auffassung ihres Berufs.«

Hochstraße 50. Ehemaliger Sitz des Internationalen Verbandes der Köche.
Von hier aus nahm die Entwicklung ihren Anfang.

Matthäus Carl Banzer —
Ein Leben im Dienste der Kochkunst

Im Jahr 1909 übergab ein Mann das Frankfurter Kochkunstmuseum der Öffentlichkeit, der seit Jahren als Direktor des Internationalen Verbandes der Köche, als Herausgeber von dessen Verbandszeitschrift und als Organisator der Internationalen Kochkunstausstellungen in Frankfurt wirkte: Matthäus Carl Banzer. Er darf als der eigentliche Gründer des Kochkunstmuseums, Mitbegründer des Internationalen Verbandes der Köche und der Internationalen Kochkunstausstellungen gelten, die er alle unermüdlich förderte.

Matthäus Carl Banzer wurde am 3. Februar 1867 in Marburg als Sohn eines Schneidermeisters geboren. Nach einer umfassenden kaufmännischen Ausbildung im Hotelwesen war er zunächst als Hotelbuchhalter und Fachschriftsteller tätig, bis ihn 1895 der soeben gegründete Verein Frankfurter Köche als Sekretär engagierte. Voll Energie ging Banzer die Geschäfte des Vereins an und baute vor allem dessen Stellenvermittlungsbüro aus. Bereits 1896 trat er als Mitbegründer des aus dem Verein Frankfurter Köche entwickelten Internationalen Verbandes der Köche hervor, dessen Geschicke Banzer als Verbandsdirektor fortan mit taktischer Klugheit lenkte.

Im Jahr 1898 gab Banzer erstmals die Verbandszeitschrift »Kochkunst« (seit 1907 »Kochkunst und Tafelwesen«, seit 1917 »Die Küche«) heraus, die sich dank der immensen fachlichen Kompetenz und der fortschrittlichen Orientierung ihres Schriftleiters schon bald zu einem hervorragenden Organ in allen Fragen von Kochkunst und Tafelwesen entwickelte.

Des weiteren organisierte Banzer seit 1900 die Internationalen Kochkunst-Ausstellungen in Frankfurt am Main. Die vielseitige Tätigkeit Banzers im Dienst der Kochkunst gipfelte schließlich in der Errichtung des ersten Kochkunstmuseums der Welt im neu erbauten Haus des Internationalen Verbandes der Köche in Frankfurt am Main im Jahr 1909.

Der Überblick auf das bis heute vorbildliche Gesamtwerk Banzers zeigt, daß es im wesentlichen sein Verdienst ist, daß Frankfurt zur »Stadt der Kochkunst«, zu einem wichtigen gastronomischen Zentrum der Welt avancieren konnte. In Banzers Hand liefen die Fäden international ausgerichteter Bestrebungen zur Förderung von Kochkunst und Tafelwesen zusammen. Vor allem durch die Weiterentwicklung der Internationalen Kochkunst-Ausstellung (IKA), die er bis 1934 leitete, gelang es ihm, weltweit Akzente zu setzen, deren Wirkung bis heute ungebrochen anhält.

Dennoch geriet Banzers Schaffen nahezu in Vergessenheit. Sicher ist dies auch mit Banzers unglücklichem Abschied vom Berufsleben im Jahr 1934 zu begründen. In dieser Zeit war der Internationale Verband der Köche von den nationalsozialistischen Machthabern »gleichgeschaltet« und der »Deutschen Arbeitsfront« (DAF) angeschlossen worden, die dann auch die Internationale Kochkunstausstellung von 1937 organisieren sollte. Für die Nationalsozialisten war Banzer als Verbandsdirektor nicht mehr tragbar, zumal sie die internationale Zusammenarbeit auch auf dem Gebiet der Kochkunst beendeten. Eine halbwegs ehrenvolle Beförderung Banzers in den Ruhestand war daher für das neue Regime eine bequeme Lösung, um den politisch unliebsamen Direktor zur Untätigkeit zu zwingen und zugleich die von ihm geschaffenen Institutionen uneingeschränkt für eigene Zwecke nutzen zu können. Im Jahr nach seiner Pensionierung zog Banzer von Frankfurt nach Langen, wo er bis zu seinem Tod am 19. September 1945 wohnte.

Der kurze Abriß von Banzers Leben und Wirken deutet bereits an, wie vielseitig und wirkungsvoll er für Kochkunst und Tafelwesen tätig war. Leider scheint jedoch beim Versuch, das Schaffen dieses Mannes darzustellen, angesichts der dürftigen Quellenlage immer nur die Spitze des Eisbergs sichtbar zu werden. Deshalb soll im folgenden versucht werden, die einzelnen Tätigkeitsbereiche Banzers zu beleuchten.

Matthäus Carl Banzer als Direktor des Internationalen Verbandes der Köche

Als Matthäus Carl Banzer 1895 als Sekretär des Vereins Frankfurter Köche seine Arbeit aufnahm, steckte das Verbandswesen auf diesem Gebiet wahrlich noch in den Kinderschuhen. Ein Zeitgenosse erinnert sich rückblickend:

»Es war in den neunziger Jahren, als sich in Frankfurt zunächst eine kleine Zahl von Köchen zusammenfand, mit dem Ziel, eine Köche-Vereinigung zu gründen, und so entstand der Verein der Köche Frankfurt a.M., der später die Keimzelle des Internationalen Verbandes der Köche werden sollte. Die Kollegen, die den Frankfurter Verein gründeten, hatten weit vorausschauend geahnt, daß die Main-Metropole der günstigste Platz ist, der für die Gründung einer Köche-Korporation gewählt werden konnte und die Weiterentwicklung gab ihnen recht, denn schon im Jahre 1896 wurde der Name fallen gelassen; es gab fortan den Internationalen Verband der Köche.«

Der »Internationale Verband der Köche« (IVdK) behielt seinen Sitz in Frankfurt am Main. Der neue Name der Vereinigung barg zugleich eine Verpflichtung in sich, wenn der neue Berufsverband das sein wollte, was seine Bezeichnung versprach. Banzer führte fortan als Direktor die Geschäfte des Verbandes, der zunächst nur ein bescheidenes Verbandsbüro in der Rothofstraße in Frankfurt, später in der Hochstraße 50, unterhielt. Doch schon bald wurde eine eigene »Zeitung der Köche«, die Banzer selbst redigierte, veröffentlicht. Die Mitgliederzahl stieg von Jahr zu Jahr. Innerhalb weniger Jahre entwickelte sich der »Internationale Verband der Köche« mit seinen Zweigvereinen in aller Welt zur größten Vereinigung der Köche überhaupt. Er unterhielt Zweigbüros in Berlin (seit 1899), in Zürich (seit 1900), in Köln (seit 1901), in Straßburg (seit 1907) und in Nizza (seit 1909).

Sicher ist dieser rasante Aufstieg des Verbandes zu einer Vereinigung von weltweiter Bedeutung vor allem dem Verbandsdirektor Matthäus Carl Banzer zu verdanken. Banzer, mit modernem unternehmerischen Denken und hervorragender fachlicher Kompetenz ausgerüstet, baute den anfangs noch kleinen Verein zu einer umfassenden Institution der Berufsförderung aus, deren 1908/09 in Frankfurt am Main eröffnetes Verbandshaus mit dem Kochkunstmuseum zur Drehscheibe dieses einzigartigen Modells eines Berufsverbandes wurde.

Auch wenn Banzer als Organisator an der Spitze aller Bestrebungen des Verbandes, vor allem aber jener um die soziale Sicherung für die Köcheschaft, stand, so konnten alle diese Bemühungen nur fruchten, weil Banzer als Geschäftsführer sich auf kompetente und engagierte Mitarbeiter (wie z.B. Alexander Mathis, Carl Schmid, Jean Steiner, Jules Perard, Emil Blankenburg, Christian Dorst, Carl Halbheer, Alois

MENU

Versailles den 18. Dezember 1870.

Suppe brunoise.

Steinbutte, garnirt mit Hummer.

Rinderfilets à la financière

Mayonaise von Poularden.

Fasanenbraten, Salat, Compôte.

Pudding à l'Anglaise.

Gefrorenes von Ananas.

Butter und Käse

Dessert und Früchte.

Lang, G. Loeser, Albert Weiß, Paul Wunder, L. Jenné, F. Scherdfeger und Otto Lehr) stützen konnte, die im Präsidium des Verbandes tätig waren. Vor allem im Verbandsvorsitzenden Alexander Mathis (seit 1899 Erster Vorsitzender, vorher Zweiter Vorsitzender) hatte Banzer einen engen Vertrauten.

Erst die Zusammenarbeit mit anderen Pionieren auf diesem Gebiet ermöglichte es Banzer, beachtlich in der Verbandsgeschichte zu wirken. Das klingt auch in seinem Resümé der Zeitung »Die Küche« an:

»Aber schon am Ende der neunziger Jahre traten neben M.C. Banzer und dem erstmals gewählten 1. Verbandsvorsitzenden Alexander Mathis markante Persönlichkeiten wie Adolf Anerk, Emil Blankenburg, Christian Dorst, Carl Halbheer, Alois Lang, G. Loeser, Albert Weiß, Paul Wunder, L. Jenné, F. Scherdfeger, Otto Lohr u.a. ins Blickfeld, die gemeinschaftlich die Geschicke des Verbandes in glückliche Bahnen zu lenken verstanden. Der Verband entwickelte sich überraschend gut. Gemäß dem Wahlspruch des Verbandes »Unser Feld ist die Welt« wurden in New York, Chicago, Philadelphia, Detroit, London, Nizza, Zürich und Luzern Zweigvereine gegründet, die neben den etwa 50 Zweigvereinen in Deutschland dafür sorgten, daß der Verband populär wurde. Dies geschah damals durch die »Zeitung der Köche«, aber auch von Mund zu Mund, denn die Zweigvereine rege besuchenden Kollegen waren damals ein ständig reisendes Völkchen, das unaufhaltsam bei Stellenwechseln, saisonbedingt nach allen Himmelsrichtungen kreuz und quer durch die Welt reiste. So erfuhren die Kollegen, beispielsweise von Kopenhagen nach Kairo, oder von Budapest nach Rio de Janeiro kommend, von der Existenz und von den Leistungen des IVdK, die sich in der ersten Zeit speziell auf die internationale Stellenvermittlung gründeten.«

Tatsächlich stand zunächst die Stellenvermittlung im Mittelpunkt der Verbandsarbeit, wobei dieser Service sowohl auf internationaler Ebene von den Verbandsbüros als auch auf lokaler Ebene von den Zweigvereinen des IVdK angeboten wurde. Im Jahr 1909 z.B., dem Gründungsjahr des Frankfurter Kochkunstmuseums, nahmen insgesamt rund 4500 stellensuchende Verbandsmitglieder die Stellenvermittlung in Anspruch — barg diese doch unglaubliche Vorteile auf dem so international gearteten Arbeitsmarkt des Gastronomiewesens in sich.

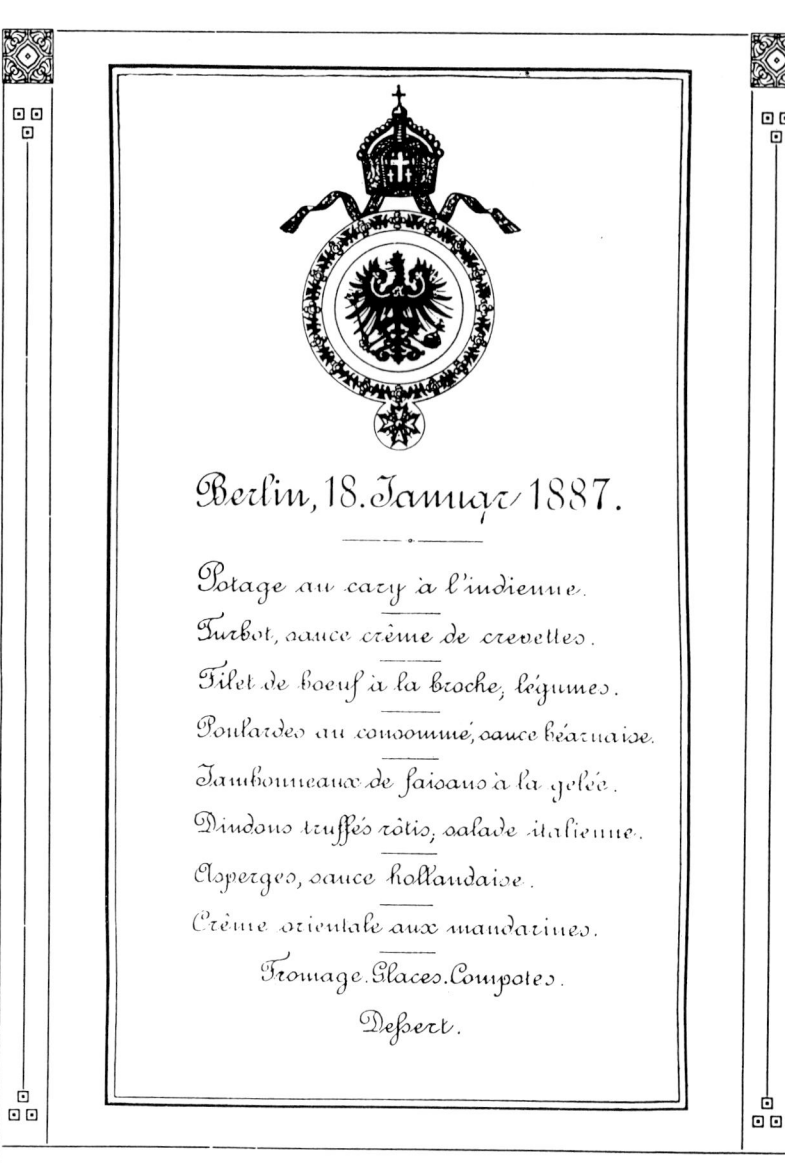

Berlin, 18. Januar 1887.

Potage au cary à l'indienne.

Turbot, sauce crème de crevettes.

Filet de boeuf à la broche, légumes.

Poulardes au consommé, sauce béarnaise.

Jambonneaux de faisans à la gelée.

Dindons truffés rôtis, salade italienne.

Asperges, sauce hollandaise.

Crème orientale aux mandarines.

Fromage. Glaces. Compotes.

Dessert.

Aus der Menü-Sammlung unseres Kochkunst-Museums.
Vorletzte Feier des Jahrestages der Kaiser-Proklamation am 18. Jan. 1887
am Hofe Kaiser Wilhelm I.

Die ausgedehnte Arbeit des Frankfurter Zweigbüros erforderte bald auch entsprechende Räumlichkeiten. So entstand der Plan eines geräumigen Verbandshauses, das zugleich diverse fachkulturelle Einrichtungen, darunter eben auch das Kochkunstmuseum, beherbergen sollte. Über die Errichtung dieses Gebäudes in der Frankfurter Windmühlstraße, das sich schon bald als äußerst praktisch und rentabel erweisen sollte, wurde bereits im vorangegangenen Kapitel berichtet. Gegen Ende des Jahres 1908 konnte die Hauptverwaltung des »Internationalen Verbandes der Köche« aus dem alten Lokal in der Hochstraße in das neue Verbandshaus umziehen, während das Kochkunstmuseum, das ja vollkommen neu erstellt werden mußte, erst etwas später seine Pforten öffnen konnte. Einen guten Überblick über die Einteilung des neuen Hauses gibt der IVdK in seinem Rechenschaftsbericht für das Jahr 1909:

»Das gesamte Grundstück umfaßt 625 Quadratmeter, wovon jedoch nur 430 Quadratmeter bebaut werden durften. Das Haus hat nach der Seite Untermainkai und auf die Länge von 15 Metern nach der Windmühlstraße drei Stockwerke, für den verbleibenden Teil in der Windmühlstraße durften nach den Bauvorschriften, wie sie für Villenstraßen bestehen, nur zwei Stockwerke errichtet werden. Das ganze Haus ist im Barockstil in Stein und Eisen ausgeführt.

Im Sousol befindet sich die Ausstellung küchentechnischer Neuheiten, ferner das Bücherlager, die Adressensetzerei, die Zeitungs- und Bücher-Expedition, ein Teil des Drucksachenlagers und ein feuerfestes Archiv.

Im Parterre befindet sich das eigentliche Kochkunstmuseum in dem fast 400 Quadratmeter fassenden Prachtsaal und am Eingang desselben die Auskunftei und Buchhaltung. In der ersten Etage sind die Bureaus unserer Hauptverwaltung, ein Lesezimmer für Stellensuchende und ein Saal für Vorträge und Spezialausstellungen untergebracht. Die oberen Stockwerke sind teils als Geschäftslokal, teils als Wohnungen vermietet.«

Daß an diesem Ort die Interessen des Verbandes mit der Idee der Schaffung eines kulturhistorisch bedeutenden Museums verknüpft werden konnten, geht auf Matthäus Carl Banzer zurück. Mit der Einrichtung des Kochkunstmuseums vollbrachte er ein vorbildliches Lehrstück, wie das Bewußtsein für die Historie eines Berufsstandes innerhalb eines Verbandes stabilisiert werden kann. Trotz alledem diente das Museum nicht allein der Selbstdarstellung des Verbandes, sondern war als kulturgeschichtliche Institution zu verstehen. Darin lag auch sein beachtlicher Erfolg beim Publikum begründet. Zudem hatte das Museum als Dokumentationsstelle der Gastronomie den praktischen Zweck, eine Stätte der Information für alle Fachleute und vor allem für den Nachwuchs zu sein. Im Hinblick darauf wurde vor allem die Verbindung von Kochkunst und Tafelwesen betont.

Diese Museumskonzeption wurde im wesentlichen von Matthäus Carl Banzer geprägt, der mit der Schaffung eines Kochkunstmuseums zwar einen alten Gedanken wieder aufgriff, diesen jedoch der modernen Zeit anpaßte.

Sein diplomatisches Geschick als Verbandsdirektor konnte Banzer im Zuge der Auseinandersetzungen zwischen dem »Internationalen Verband der Köche« und dem »Verband Deutscher Köche« beweisen. Zwischen den beiden Verbänden war es zu langwierigen Kompetenzstreitigkeiten gekommen, zumal der »Verband Deutscher Köche« mit Sitz in Berlin seine Tradition bis zum ältesten deutschen Köcheverein überhaupt, dem 1841 gegründeten »Verein Berliner Köche«, zurückverfolgen konnte und aufgrund dessen den jüngeren Frankfurter Verband nicht gelten lassen wollte. Erst im Jahr 1917, mitten im Ersten Weltkrieg, wurde der ständig schwelende Zwist zwischen beiden Verbänden gelöst. Sie schlossen sich zusammen, wobei es Banzer zu verdanken ist, daß nicht nur der Name »Internationaler Verband der Köche« beibehalten wurde, sondern daß vielmehr der ganze Frankfurter Verband gestärkt aus dieser Vereinigung hervorging, während der Berliner Verband absorbiert wurde. Lediglich die bedeutende Berliner Verbandszeitung »Die Küche« (gegründet 1882) wurde übernommen und löste fortan »Kochkunst und Tafelwesen« ab. Banzer war auch hier Herausgeber.

Ein besonderer Erfolg war zum fünfundzwanzigjährigen Jubiläum des IVdK, das zugleich auch Amtsjubiläum Banzers als Verbandsdirektor war, zu vermelden: Im Verbandshaus in der Windmühlstraße entstand eine Lehrküche. Banzer berichtete in der Verbandszeitschrift »Die Küche« vom 3. Januar 1921:

»Die in Angriff genommene Lehrküche, die wir wohl im März oder April ds. Js. werden eröffnen können, wird gemeinsam mit unserem Kochkunstmuseum und der ebenfalls in der Entstehung begriffenen Fachschule, die bilden, die also die Vollendung des im Jahre 1909 durch die Gründung unseres Kochkunstmuseums begonnenen Werkes darstellt. Der Beruf der Köche tritt durch diesen Ausbau seiner fachkulturellen Einrichtungen in die Reihe der selbständigen Berufe ein, die auf die öffentliche Anerkennung Anspruch haben. Helle Begeisterung erfüllt daher auch jetzt die Herzen aller Berufskollegen, die es mit ihrem Beruf ernst meinen und die stolz auf ihn sind.

Mit den die Fachschule einleitenden Vorträgen und theoretischen Lehrkursen wird bereits im Laufe des Monats Januar begonnen. Wenn wir nicht sofort mit der vollen Einrichtung hervortreten, so geschieht dies, weil wir der zurzeit bestehenden Schwierigkeiten nur nach und nach Herr werden können. Wir müssen die erforderlichen Lehrkräfte nicht nur erst suchen, sondern auch erst ausbilden. Deshalb setzen wir zunächst mit Vorträgen und kleinen Lehrkursen ein, um daraus die eigentliche Fachschule herauswachsen zu lassen, die das dritte Glied der Kochkunst-Akademie bildet!

Zum vollen Gelingen unseres Werkes ist aber nicht nur die äußere Begeisterung der Berufskollegen, sondern auch deren Mitarbeit erforderlich. Diese darf sich nicht nur in den Geldspenden zeigen, die bei unserer Neujahrsgratulations-Ablösung in so verheißungsvoller Weise eingesetzt haben, sondern muß auch im persönlichen Wirken jedes Einzelnen zu Gunsten unseres Unternehmens zutage treten. Die gesamte Fachwelt muß auf unsere Kochkunst-Akademie aufmerksam gemacht und für dieselbe interessiert werden, denn die Hotel- und Gästehaus-Industrie hat das größte Interesse an ihrem Gedeihen. Ebenso haben alle mit Küchenbetrieb versehenen Anstalten, Krankenhäuser, Sanatorien, Genesungsheime und Verpflegungsanstalten aller Art Interesse an der Akademie. Die Aufgabe unserer Berufskollegen ist es daher, Hoteliers und Restaurateure, Anstalts- und Sanatorien-Verwaltungen, Ärzte und alle Personen, die sich für die zielbewußte Förderung der Kochkunst im Sinne unseres Projektes und für die Schaffung einer wissenschaftlichen Grundlage der Kochkunst interessieren, auf unser Institut aufmerksam zu machen. Sie alle sind heute vielbeschäftigt und haben nicht immer die Zeit, die Fach-

Gâteau à la Sicilienne (Sizilianischer Kuchen).
Ein Ausstellungsstück aus dem Kochkunstmuseum.

zeitungen so zu verfolgen, wie sie vielleicht selbst gerne möchten. Gebt ihnen unsere Fachzeitung, sprecht mit ihnen und sorgt auf diese Weise dafür, daß wir von allen interessierten Kreisen die Unterstützung und Mitarbeit erhalten, die unser Unternehmen braucht und verdient.«

Auch nach 1933, als im Rahmen der nationalsozialistischen Organisation auch im Verbandswesen auf dem Gebiet von Kochkunst und Tafelwesen für einen Verbandsdirektor wie Banzer kein Platz mehr war, waren dessen Verdienste nicht ganz abzuleugnen, zumal gerade die nun zur »Reichskochschule« erhobene Lehrküche Lorbeeren für den neuen Staat versprach. 1934 erinnert sich Ludwig Metzler aus Berlin in einem Brief: »Was nun Herrn Banzer anbetrifft, er wurde auf seine Bitte hin in den Ruhestand versetzt, mit einem monatlichen Ruhegehalt in Höhe von RM. 500,—, was einer honorigen Pensionierung entsprach. Herr Hardt behielt seine Stelle als Leiter des K.K.Mus., welches in die Städt. Museen eingegliedert wurde.

Herrn Friebel wurde die Abwicklung der Verbandsgeschäfte übertragen, der dann später ebenfalls in den Ruhestand trat und nach Bad Kissingen übersiedelte.«

Die scheinbar ehrenvolle Pensionierung Banzers als Verbandsdirektor, die 1935 angeblich aus gesundheitlichen Gründen erfolgte, nachdem er schon 1934 aus dem Amt als Kustos des Kochkunstmuseums ausgeschieden war, konnte jedoch nur mühsam darüber hinweg täuschen, daß Banzer den nationalsozialistischen Machthabern unliebsam war und daß dementsprechend seine Beförderung in den Ruhestand sicher nicht ganz in seinem Sinne erfolgte.

Matthäus Carl Banzer als Organisator der
Internationalen Kochkunst-Ausstellungen in Frankfurt am Main

Als vom 25. Oktober bis zum 3. November 1894 eine erste Ausstellung für Kochkunst, Bäckerei, Conditorei und verwandte Gewerbe sowie für Volksernährung und Armeeverpflegung unter dem Protektorat der Kaiserin Friedrich in Frankfurt am Main stattfand, war dies eine richtungsweisende Veranstaltung, zumal zu dieser Zeit die Frankfurter Messen noch nicht in ihrem modernen Gewand wiedererstanden waren. Matthäus Carl Banzer, der an der Gestaltung dieser messeähnlichen Ausstellung noch keinen Anteil hatte, nahm jedoch daran Maß und entwarf demgemäß das Konzept der seit 1900 folgenden Internationalen Kochkunst-Ausstellungen in Frankfurt am Main, für die er als Verantwortlicher zeichnete.

Vier Jahre nach seiner Gründung, im Jahr 1900, richtete der Internationale Verband der Köche zusammen mit dem Verein zur Förderung des Fremdenverkehrs in Frankfurt am Main und dem Frankfurter Gastwirthe-Verein (Innung) die 1. Internationale Kochkunst-Ausstellung (IKA) in Frankfurt aus, die damit am Beginn einer bis heute reichenden Messetradition auf dem Gebiet der Kochkunst in dieser Stadt steht.

Wie der IVdK als ihr Veranstalter — der allerdings nach 1933 auf das Attribut der Internationalität verzichten mußte — beanspruchte auch die IKA, schon ihrer Bezeichnung zufolge, weltweites Interesse und internationale Bedeutung. Banzer als führender Kopf des Projektes hatte, ausgehend von der Frankfurter Kochkunstausstellung von 1894, als der ersten imposanten Kochkunstschau und gastgewerblichen Messe, ein modernes Konzept für eine Fach- und Publikumsmesse entwickelt, die nun unter folgender Bezeichnung firmierte:

Internationale Kochkunst-Ausstellung — Moderne und historische Kochkunst, Bäckerei, Conditorei, Armeeverpflegung, Volksernährung und verwandte Gewerbe, Kosthallen für Nationalgerichte.

Vom 12. bis zum 22. Oktober 1900 bot sich auf dem Ausstellungsfestplatz an der Forsthausstraße in Sachsenhausen, wie auch schon 1894, eine wahrhaft gigantische Schau gastronomischer Kultur dar.

Die sich majestätisch-prunkvoll präsentierende Ausstellung stand unter der Schirmherrschaft einer Königlichen Hoheit, der Prinzessin Friedrich Carl von Hessen. Im Ehrenpräsidium war die Prominenz der Stadt — von Oberbürgermeister Dr. Adickes und Bürgermeister Dr. Varrentrapp über den Industriellen Carl Weinberg und den Bankier Rudolf Sulzbach bis hin zu Stadtkommandant Generalleutnant von Stülpnagel — vertreten. Daß man bei aller Exklusivität doch die Nähe zum breiten Publikum suchte, geht bereits aus dem Vorwort zum »Officiellen Katalog« der 1. IKA hervor:

»Unter allen Ausstellungen, wie sie auch heissen und wo sie auch stattfinden mochten, haben unstreitig stets die Kochkunst-Ausstellungen die schönsten Erfolge zu verzeichnen gehabt. Während andere Ausstellungen immer nur einen Theil des Publikums für sich zu interessiren wissen, besitzen die Ausstellungen für Kochkunst und die ihr verwandten Gewerbe das ungetheilte Interesse des Publikums. Reich und Arm, Gross und Klein strömt da herzu, um all die Herrlichkeiten zu schauen, die für den menschlichen Gaumen gewachsen sind und durch Menschenhand

Officieller Katalog

der

Internationalen

Kochkunst-Ausstellung

Moderne und Historische Kochkunst,

Bäckerei, Conditorei,

Armeeverpflegung, Volksernährung

und verwandte Gewerbe,

Kosthallen für Nationalgerichte

vom 12. bis 22. October 1900

auf dem Ausstellungs-Platz an der Forsthausstrasse

in

Frankfurt am Main.

––––––

Preis 50 Pfg.

––––––

Verlag:
Haasenstein & Vogler, A.-G., Frankfurt a. M.
Druck:
Gebrüder Fey, Frankfurt a. M.

*Das Titelblatt des ersten Katalogs der Internationalen Kochkunst-Ausstellung
im Jahr 1900 in Frankfurt am Main.*

47

geschaffen werden können. Das ist etwas, was man versteht, das ist etwas, was das Herz erfreut, und wenn sich auch Mancher mit dem einmaligen Betrachten begnügen muss, wenn er auch niemals dazu kommt, das was da ausgestellt ist, auf seinem Tische zu Hause sehen zu können, so findet er doch auch Manches für ihn Nützliche darunter und kein Besucher geht unbefriedigt nach Hause.

Trotz der schönen Erfolge aber, deren sich seither fast alle Kochkunst-Ausstellungen zu erfreuen hatten, waren doch alle mehr oder minder noch nichts Vollkommenes. Wohl zeigten sie alle den gegenwärtigen Stand der Kochkunst in der betreffenden Stadt oder Gegend, wohl gaben sie auch zum Theil ein deutliches Bild dekorativer Kunst in der feinen internationalen (französischen) Küche, wohl hatten die Köche, Konditoren und Bäcker stets alles aufgeboten, um das Auge des Beschauers zu befriedigen, aber es fehlte die Gelegenheit, um das Alles, was da so schön und appetitlich ausgestellt war, auch kosten zu können. Man konnte den Hunger in einer Restauration oder auch an einigen Büffets in gewohnter Weise stillen, aber zu etwas Ausserordentlichem war nur selten Gelegenheit geboten. Von den Prunkplatten bis zur Volksernährung war gewöhnlich nur ein Schritt. Alles was dazwischen liegt, das fehlte. Man konnte die feine Kochkunst sehen aber nur das, was die Volksernährung bietet, kosten. Ein wirkliches Bild der gesamten Kochkunst war mithin dem Publikum nicht geboten.

Da muss es dann wirklich alle Verehrer der heiteren kulinarischen Künste mit Freude erfüllen, wenn wir nunmehr vor einem Unternehmen stehen, das mit der seitherigen Methode endgültig gebrochen hat, wenn einmal eine Kochkunst-Ausstellung ihren Namen mit vollem Recht verdient, dann muss sie dem Besucher die Kochkunst in ihrem ganzen Umfange zeigen. Nicht nur der gegenwärtige Stand der Kochkunst einer Gegend oder eines Landes soll uns gezeigt werden, sondern auch die Küche der Nachbarländer muss Berücksichtigung finden und Alles was gezeigt wird, muss auch gekostet werden können, denn die wahre Kochkunst soll nicht nur das Auge, sondern in erster Linie doch den Geschmack befriedigen.

Aus diesem Grunde hat es auch das Comité nicht mit der Ausstellung von Prunkstücken der höheren Kochkunst bewenden lassen, sondern es wurde eine grosse mit den modernsten Einrichtungen versehene Musterküche geschaffen, welche während der ganzen Dauer der Ausstellung dem Publikum im Betriebe gezeigt und demselben kulinarische Genüsse bieten soll, zu deren Erlangung ihm sonst nur selten Gelegenheit geboten wird. Um dies zu ermöglichen, haben sich eine Anzahl hervorragende Kochkünstler des In- und Auslandes der Ausstellung zur Verfügung gestellt und diese werden die beliebtesten Nationalgerichte der europäischen Länder nach den Originalrecepten herstellen. Gerade unter den Nationalgerichten giebt es gar viele Speisen, die sich zwar nicht als Schau- und Prunkplatten eignen, die aber Zunge und Gaumen aufs Höchste befriedigen. Alle diese interessanten Gerichte zu kosten und auch deren Recepte mit nach Hause zu nehmen wird die Internationale Kochkunst-Ausstellung jedem Besucher Gelegenheit bieten.

Ausser dem gegenwärtigen Stand der Kochkunst wird aber die Internationale Kochkunst-Ausstellung dem Publikum auch die historische Entwicklung der Kochkunst in wissenschaftlicher Darstellung zu veranschaulichen suchen und wenn auch diese Gruppe zunächst nur für den Fachmann bestimmt und für diesen ein größeres Interesse bieten wird, so wird trotzdem auch der Laie viel Interessantes darin finden.

Aber nicht nur die höhere Kochkunst, sondern auch die bürgerliche Küche, die Armeeverpflegung und Volksernährung haben in unserer Ausstellung die weitgehendste Berücksichtigung gefunden und tragen dadurch nicht in letzter Linie dazu bei, dass das kulinarische Gewerbe in überaus vollendeter Weise gezeigt werden kann.

Ist es nun auch der eigentliche Zweck unserer Ausstellung, die Fortschritte dieses Gewerbes darzustellen, so durften doch die mit ihm verwandten und im Zusammenhang stehenden Industrieen und Gewerbe nicht übergangen werden und auch diese präsentiren sich, dank des Interesses, das der Ausstellung von allen Seiten entgegengebracht wurde, in durchaus würdiger Weise. Wir sehen die Fabrikate der Bäcker und Konditoren in geschmackvollen Arrangements vorgeführt. Nahrungs- und Genussmittel aller Art sind reich vertreten und besonders die Getränkebranche hat sich in ausgedehntem Masse betheiligt. Herde, Oefen und Maschinen, sowie Hotel- und Wirthschafts-Einrichtungen aller Art bereichern das interessante Bild und verstärken den in jeder Weise belehrenden Charakter dieser Ausstellung, die nach monatelanger Thätigkeit nunmehr fertig vor uns steht.

Ist es uns nun gelungen, den Beifall und die Anerkennung aller jener Kreise, für die das Werk geschaffen ist, zu finden und wird es uns noch gelingen, dieses Werk zu einem guten Ende zu führen, dann werden wir dies als den schönsten Lohn für unsere Mühe betrachten, denn unsere Arbeit ist keine vergebliche gewesen.

Frankfurt a. M., im October 1900.

Das Ausstellungs-Comité.«

Das Fachpublikum lobte bei der 1. wie auch bei der 1905 ausgerichteten 2. IKA die übersichtliche Gliederung der Ausstellung nach Sachgebieten, die unter anderem auch die Vorstellung moderner Küchengeräte, neuartiger Herde und zeitgemäßer Konservierungsmethoden umfaßten. Allgemeine Anerkennung fand es, daß nicht nur prunkvolle Festtafeln, sondern erstmals auch Tabellen über den Nährgehalt von Speisen der Öffentlichkeit dargeboten wurden. Dementsprechend fanden für die professionellen Köche neben den traditionellen Wettbewerben für die beste Zubereitung von Wild und Geflügel auch solche für moderne Krankenkost sowie für einfache und gehaltvolle Mahlzeiten statt. Zudem wurden die sich sehr interessiert zeigenden Hausfrauen in die Wettbewerbe einbezogen.

Trotz all dieser Neuheiten gab sich die Fachwelt zwar interessiert, doch blieb sie in der Beurteilung der 1. IKA größtenteils noch eher unsicher und abwartend. Dennoch begann mit der Ausstellung eine Entwicklung, in deren Folge diese Frankfurter Spezialmesse zu einem Weltmarktplatz der Kochkunst werden sollte. Wesentlichen Anteil daran hatte Banzer als Organisator und eigentlicher Schöpfer der Internationalen Kochkunst-Ausstellung in Frankfurt am Main. Er erkannte damals bereits die wirtschaftliche Bedeutung der Kochkunst für die Entwicklung der Nahrungsmittelindustrie. Indem er die IKA zu einer Publikumsmesse mit weltweiter Anerkennung ausbaute, trug er zugleich zu einer Stärkung des Selbstbewußtseins unter den Köchen bei. Außerdem zeigten nicht zuletzt die frühen Kochkunstausstellungen, wie sehr sich die Stadt Frankfurt am Main zum modernen Messeplatz eignete.

Banzer arbeitete kontinuierlich am Konzept der Internationalen Kochkunst-Ausstellung weiter. Während auf der 1. IKA die meisten Aussteller noch aus dem Inland kamen, lockte bereits die 2. IKA 1905 zahlreiche Gäste und Aussteller aus dem Ausland an. Einen Höhepunkt auf dem internationalen Feld der Kochkunst bedeutete es, daß Banzer anläßlich dieser 2. IKA »Das große Restaurantkochbuch« herausgab, das er einige

DAS LETZTE MENÜ AUF DER TITANIC

R. M. S. Titanic
April 14, 1912.

Hors-d'œuvre variés	Verschiedene Vorgerichte
Oysters	Austern
Consommé Olga Cream of Barley	Olga-Kraftbrühe Gersten-Schleimsuppe
Salmon, Mousseline Sauce, Cucumber	Salm, Schaumsauce, Gurkensalat
Filet mignons Lili	Lendenschnitten nach Lili
Sauté of Chicken Lyonnaise	Hühnerragout nach Lyoner Art
Vegetable Marrow farcie	Gefülltes Pflanzenmark
Lamb, Mint-Sauce	Lamm mit Minzsauce
Roast Duckling Apple Sauce	Junge Ente mit Apfelsauce
Sirloin of Beef Château Potatoes	Ochsenlendenstück Schlosskartoffeln
Green Peas Creamed Carrots	Grüne Erbsen Karotten in Rahm
Boiled Rice	Gesottener Reis
Parmentier & Boiled New Potatoes	Parmentier- und gekochte neue Kartoffeln
Punch Romaine	Römischer Punsch
Roast Squab & Cress	Gebratene junge Tauben mit Kresse
Cold Asparagus Vinaigrette	Kalter Spargel mit Würzsauce
Pâté de Foie gras	Gänseleber-Pastete
Celery	Sellerie
Waldorf Pudding	Waldorf-Pudding
Peaches in Chartreuse Jelly	Pfirsiche in Chartreuse-Gelee
Chocolate & Vanilla Eclairs	Schokolade- und Vanille-Blitzkuchen
French Ice Cream.	Französische Eis-Creme.

Vorstehendes Menü, das von einer englischen Zeitung in Originalnachbildung gebracht und von der deutschen Tagespresse teilweise in mangelhafter Uebersetzung
wiedergegeben wurde, wird von der letzteren als das Menü des von dem Direktor
der White Star Line vor der Katastrophe gegebenen Festmahls bezeichnet. Wir
nehmen an, daß es sich hier um das Menü des letzten Tages-Diners handelt, da
das Menü von dem Typus der auf großen erstklassigen Dampfern gegebenen
Tages-Diners absolut nicht abweicht.

Jahre später zusammen mit Carl Friebel unter dem Titel »Die Restaurant-küche — Ein Universal-Kochbuch und Nachschlagewerk für Restaurationsküchen, Hotelrestaurants, Weinstuben, Frühstücksstuben und alle sonstigen Gaststätten« zu einem Prachtwerk ausarbeitete, das noch heute allgemein als das beste Werk dieser Art in deutscher Sprache gilt.

Daß die Internationalen Kochkunst-Ausstellungen über Frankfurt hinaus Maßstäbe für die anspruchsvolle Messekultur setzten, geht schon daraus hervor, daß in ihrer Nachfolge zahlreiche kleinere, regionale Ausstellungen — so 1902 in Mainz und 1906 in Wien, Barmen und Basel — veranstaltet wurden, die jedoch bei weitem nicht an die Frankfurter Vorbilder heranreichten.

Einen echten Höhepunkt in Konzeption und Darbietung bot jedoch die 3. Internationale Kochkunst-Ausstellung von 1911, bei der Banzer erstmals unter der Bezeichnung »Technischer Leiter der Kochkunst-Ausstellung« fungierte. In dieser Position, die Banzer bis zur IKA von 1934 inne hatte, konnte er sich auf ein effizientes Team von Mitarbeitern stützen, zu dem u.a. Alexander Mathis, Traiteur in Koblenz, als Vorsitzender der Kochkunst-Ausstellung, Jean Steiner, Inhaber des Hotels Kaiserhof in Bad Homburg, als Beisitzer im Vorstand der Kochkunst-Ausstellung und Carl Buerose sen., langjähriger Traiteur und bekannter Gastronom in Frankfurt, ebenfalls als Beisitzer im Vorstand, gehörten.

Die 3. IKA, ausgerichtet vom Internationalen Verband der Köche und dem Frankfurter Gastwirteverein (Innung), überbot alles bisher Dagewesene. Allein schon der großartige Veranstaltungsort mußte dem Publikum imponieren, denn diesmal konnte die IKA in der neuen Frankfurter Festhalle stattfinden. Trotz des gewaltigen Standflächenangebots, das dort zur Verfügung stand, waren alle Plätze bereits lange vor Eröffnung der Ausstellung vermietet. In ihrer einmaligen Konzeption, die Banzer ausgeklügelt hatte, prägte die 3. IKA die Internationalen Kochkunst-Ausstellungen bis heute. Banzer konnte einen unglaublichen Publikumserfolg verbuchen. Anläßlich der 4. IKA, die infolge von Krieg und Inflation erst 1925 veranstaltet werden konnte, erinnerte sich Banzer an die glanzvolle Messe von 1911:

»Unvergeßlich sind sowohl den Ausstellern als den Hunderttausenden Besuchern die früheren Frankfurter Kochkunstausstellungen geblieben, die in den Jahren 1894, 1900, 1905 und 1911 stattfanden. Ganz besonders aber kann dies gesagt werden von der letzten im Oktober 1911 in der

Plakat für die Internationale Kochkunst-Ausstellung 1911.
Diese IKA hob sich von allem ab, was bisher gewesen ist. Die dritte Internationale Kochkunst-Ausstellung war für die Veranstalter ein besonders eindrucksvoller Erfolg.

Festhalle abgehaltenen Ausstellung. Der allgemeine Wunsch, den vier großen Vorgängerinnen, von denen jede die vorhergehende übertroffen hatte, im Jahre 1915 die fünfte Kochkunstausstellung in höchster Vollendung folgen zu lassen, konnte leider nicht erfüllt werden, da der unselige Weltkrieg einen Strich durch die Rechnung machte. Während die früheren vier Ausstellungen nur eine Spanne von 17 Jahren umfaßten, mußten wir diesmal 14 Jahre vergehen lassen, bis wir uns wieder an ein Unternehmen dieser Art heranwagen konnten. Aber selbst dann stiegen uns noch Zweifel auf, ob die Zeit für eine Kochkunstausstellung, die sich den früheren Ausstellungn würdig anreihen würde, auch wirklich gekommen sei. Wohl hatten die Messen und Fachausstellungen aller Art in den Nachkriegsjahren recht gute Erfolge aufzuweisen, aber für eine Ausstellung, wie wir sie gewöhnt waren, sind andere Voraussetzungen erforderlich als für jene Unternehmungen.«

Die Frankfurter IKA war spätestens 1911 vollends zum Modell für ähnliche Ausstellungen in anderen Städten geworden. Dazu trugen sicher auch die weitgefächerten Wettbewerbe auf allen Gebieten von Kochkunst und Tafelwesen bei, die auch auf anderen Internationalen Kochkunst-Ausstellungen auf breites Interesse stießen und zahlreiche Teilnehmer fanden. Die Auflistung der Konkurrenzen in den Wettbewerbsbestimmungen zeigt nicht nur, wie vielseitig sie ausgelegt waren, sondern auch, daß Banzer die Interessen seines Kochkunstmuseums niemals aus dem Auge verlor:

— Spezialkonkurrenz für praktische Platten der modernen Kochkunst mit täglich wechselndem Programm;

— Sonderausstellung ganzer Déjeuners, Diners, Soupers, Büffets usw.;

— Ausstellung von Kunstwerken (Schaustücken) der Kochkunst und Konditorei;

— Ausstellung von imitierten Gerichten aller Art, wie sie im Kochkunstmuseum ausgestellt sind.

Die 1905 eingeführten Spezialkonkurrenzen boten jedem beteiligten Hotel bzw. Restaurant mit einer Küche der Spitzengruppe sowie allen allein arbeitenden Köchen die Chance, ohne großen Kostenaufwand an den ausgeschriebenen Disziplinen teilzunehmen. Die weitgespannte Konzeption der Spezialkonkurrenzen ermöglichte jedem interessierten Fachmann, einen der passenden Tage im Verlauf der Ausstellung herauszusuchen, an denen er seine persönliche Kunst nach den gestrengen Regeln des IVdK vor dem großen Publikum unter Beweis stellen konnte. Die Köche wurden von der Ausstellungsleitung schon damals angehalten, nicht nur fertige Platten und Gerichte auszustellen, sondern möglichst auch das verwendete Rohmaterial dazu zu präsentieren, um so den Werdegang des Gerichts zu veranschaulichen. Dadurch sollte der »belehrende Charakter« der Schau unterstrichen werden. Zudem erwartete die Leitung der Plattenschau von den Köchen, daß bei der Ausstellung warmer Gerichte Mittel und Wege gefunden wurden, daß das Aussehen der Platte auch in kaltem Zustand nicht beeinträchtigt wurde. Kalte Platten dagegen sollten in »voller Natürlichkeit« präsentiert werden.

Zweck dieser Wettbewerbe war es vor allem, jedem Talent der Kochkunst eine Chance der Bewährung im Wettstreit mit der internationalen Konkurrenz zu geben. Die auf der IKA vergebenen Auszeichnungen waren denn auch allseits begehrt.

Ein Prachtstück unseres Kochkunstmuseums:
— Poularde auf kaiserliche Art —

Alfred Scheidegger, Küchenmeister im Kaiserkeller zu Frankfurt am Main,
fertigte dieses Ausstellungsstück und schenkte es dem Museum 1911.
Zusammen mit dem kostbaren Glasschrank ist es das wertvollste Geschenk,
das je ein Einzelmitglied gestiftet hat.

Banzer schwebte schon lange eine »Spezialkonkurrenz für Haus-Einmachkunst« vor, die er 1911 endlich verwirklichen konnte. Mit diesem Wettbewerb, zu dem sowohl Hausfrauen als auch Köchinnen, Hauswirtschaftslehrerinnen und Schülerinnen zugelassen waren, wurde eine ganz neue Zielgruppe angesprochen. Die Konkurrenz umfaßte drei Disziplinen:

— Das Einmachen von Gemüse aller Art in Gläsern,
— Das Einmachen von Früchten aller Art in Gläsern,
— Marmeladen, Fruchtgelees und Fruchtsäfte in Gläsern.

Für die Teilnahme waren Unkosten und Platzmiete in Höhe von RM 3,— zu entrichten. Die fachkundige Jury vergab drei Preise in Form von Diplomen und zudem lobende Anerkennungen. Wer sich in allen drei Gruppen beteiligte, bekam zusätzlich einen Ehrenpreis.

Neben solchen Veranstaltungen, die auf das breite Publikum abzielten, gab es auf der IKA auch spezielle Ausstellungen, die Teilbereiche von Kochkunst und Tafelwesen für das Fachpublikum belehrend und informativ aufbereiteten. Eine Sonderausstellung dieser Art hatte 1911 das »Tafelbrot« zum Thema:

»Um den Besuchern der Ausstellung ein möglichst vollständiges Bild des heutigen Standes der Kochkunst in ihren verschiedenen Beziehungen zu geben, hat die Ausstellungsleitung inzwischen noch als weitere Sonderausstellung eine solche des »Tafelbrotes« eingelegt. In dieser Abteilung werden die mannigfaltigen Arten und Formen unseres Tafelbrotes in den verschiedensten Städten und Ländern zur Ausstellung gelangen. Es ist zwar schon soweit als möglich dafür gesorgt, daß von allen namhafteren Plätzen des In- und Auslandes das dortselbst gebräuchliche Tafelbrot für die Ausstellung besorgt wird. Da es jedoch nicht ausgeschlossen ist, daß es auch in anderen Orten oder Gegenden interessante Formen und Arten von Tafelbrot gibt, die auf unserer Ausstellung Interesse erregen würden, so bitten wir unsere Leser an solchen Plätzen, uns Mitteilung hiervon zu machen und 2 bis 3 Tage vor der Ausstellung einige Stücke des betreffenden Gebäcks zu übersenden.«

Im Rahmen der besonderen Ereignisse auf der 3. IKA ist vor allem auch das große Kalte Büffet des Zweigvereins Berlin des IVdK zu erwähnen, das der berühmte Kochkünstler Walterspiel als Glanzstück der gesamten Ausstellung erstellt hatte.

Aus der gastronomischen Schausammlung des Kochkunstmuseums in Frankfurt am Main: Kartäusergericht von Feldhühnern, hergestellt von Adolf Daiber.

Banzer pflegte aber auch auf dieser 3. IKA wiederum die Verbindung von Kochkunst und Tafelwesen. Er organisierte die Schau »Der gedeckte Tisch« zur Förderung der Kunst des Tafeldeckens, an der in einer Gruppe der Konkurrenz auch wieder die »Hausfrauen, Töchter und Haushaltungslehrerinnen« teilnehmen konnten. Über den Aufbau dieses Wettbewerbs gibt seine Ausschreibung nähere Informationen:

»Ganz besonderes Interesse dürfte aber wohl die erst kürzlich beschlossene Sonderausstellung »Der gedeckte Tisch« in den weitesten Kreisen finden. Zur Förderung der Kunst des Tafeldeckens hat nämlich die Leitung der Internationalen Kochkunstausstellung nachstehende Sonderkonkurrenzen ausgeschrieben und ladet dazu alle Interessenten zu recht reger Beteiligung ein.

Konkurrenz A: 30. September bis 3. Oktober
Offen für Kellner, Herrschaftsdiener und Lohndiener.
Aufgabe: Gedeckte Tafel für ein feines Gesellschaftsessen von 8 bis 12 Gedecken.
5 Preise und ein Extrapreis für den schönsten Blumenschmuck.

Konkurrenz B: 4. bis 7. Oktober
Offen für Hotels, Restaurants und Pensionen.
Aufgabe: Gedeckte Tafeln für besondere Gelegenheiten (Jagdessen, Sportfeiern, Berufsjubiläen, Hochzeiten usw. von 6 bis 18 Gedecken)
5 Preise und je ein Extrapreis für den schönsten Blumenschmuck und die originellste Idee.

Konkurrenz C: 8. bis 11. Oktober
Der häusliche Tisch
Offen für Hausfrauen, Töchter und Haushaltungslehrerinnen
Aufgabe: Gedeckte Tische für Frühstück, Kaffee- und Teegesellschaften, Familienfeiern aller Art, Kindergesellschaften usw. bis zu 12 Gedecken.
6 Preise, zwei Extrapreise für die schönsten Handarbeits-Tischdecken und ein Extrapreis für den originellsten Blumenschmuck.«

Die vielseitigen Aktivitäten auf der 3. IKA belegen Banzers lebendiges und erfolgverheißendes Konzept einer Messe, das im wesentlichen auf Internationalität und Publikumswirksamkeit baute. Im Zentrum standen jedoch die von Banzer entwickelten Konkurrenzen für Platten, Büffets und Tafeln, die beim Publikum äußerst beliebt waren und Besucher aus aller Welt anzogen. Ein Berichterstatter schwärmte damals:

»Es war in der Tat ein Bild von eigenartigem und fesselndem Reiz, von der Galerie herab auf die zahlreichen Einzelpavillons herabzublicken, zwischen denen sich täglich schon vom frühen Morgen an bis zum Schluß trotz der breiten Gänge die Menge manchmal in geradezu beängstigender Fülle durchdrängte.«

Zu Banzers Organisation auf der 3. IKA gehörte aber nicht nur die Ausstellung sensationeller Prunkgerichte, sondern auch die Präsentation

*Internationale Kochkunst-Ausstellung 1925, Pâtisserie in der Messegaststätte.
Fertigung der Torten schon damals wie auf dem Fließband.*

auf dem Gebiet der Krankenhausküche, der Kranken- und Diätkost
sowie der — schon früher in Frankfurt vertretenen — Armeeküche.
Zudem wurde eine Sammlung entsprechender Fachliteratur ausgestellt.

In dieser Vielseitigkeit und Fortschrittlichkeit also wurde die IKA seit
1911 dank Banzers Weitblick zu einer einzigartigen Großmesse, deren
Erfolg vielversprechend in die Zukunft wies. Dennoch konnte die nächste Internationale Kochkunst-Ausstellung erst 1925 stattfinden. Angesichts der politischen Situation war Banzer im Zweifel, ob die Zeit für
eine Kochkunst-Ausstellung denn schon wieder gekommen sei. In seinem
Vorwort zum Katalog der IKA 1925 bringt er dies zum Ausdruck:

»Die Fachwelt und das Publikum wollen auf einer Kochkunstausstellung nicht nur die Fortschritte und den gegenwärtigen Stand der einschlägigen Industrie sehen. Man will auch die Fortschritte der gastronomischen Kunst sehen und kennen lernen. Deshalb mußten wir uns
zunächst fragen, ob wir denn tatsächlich nach den Jahren des Nieder-

gangs der Kochkunst in Deutschland schon wieder so weit waren, um uns öffentlich damit sehen lassen zu können. Diese Frage konnten wir nach genauer Prüfung wohl bejahen.

Die mit der Besserung der wirtschaftlichen Verhältnisse eingetretene Aufwärtsbewegung in der Kochkunst hatte im letzten Jahr sichtliche Fortschritte gemacht. Wir können daher sagen, daß dieselbe heute hinter dem Stand der Vorkriegszeit nicht mehr zurücksteht. Denn wir dürfen die inzwischen nicht nur bei uns, sondern in fast allen Ländern eingeführte Verkürzung der Menüs und die Vereinfachung des Anrichteverfahrens nicht als einen Rückschritt der gastronomischen Kunst selbst betrachten.

Und deshalb haben wir's gewagt!«

Das Wagnis glückte. In der Messe-Jubiläumsschrift von 1957 wurde dementsprechend die 4. IKA als »glänzend beschickt« geschildert, so daß Zehntausende von Besuchern damals nach Frankfurt gekommen seien.

Vor allem erwähnenswert ist, daß Banzer auch diesmal wieder einen hervorragenden Katalog zur IKA herausgab. Er hatte die Vorstellung, daß solch ein Werk nicht nur durch die Ausstellung führen, sondern auch späterhin immer griffbereit am Arbeitsplatz des Fachmanns oder der Hausfrau stehen sollte. Daher brachte Banzer neben Adressenverzeichnissen von Lieferanten auch Aufsätze bekannter Fachschriftsteller, z.B. über Krankenhausküche und Diätformen. Außerdem offerierte das Kochkunstmuseum Rezepte aus seiner Schatzkammer, und das populäre Frankfurter Auskunftsarchiv teilte wenig bekannte Kochanleitungen für interessante Gerichte mit. So waren Banzers IKA-Kataloge kleine Fachbücher, die ausgesuchtes Quellenmaterial und interessante Spezialveröffentlichungen darboten. Zudem wirkten die Kataloge über die in wenigen Tagen vorübergehende Ausstellung hinaus und hatten Erinnerungswert. »Irgendwann im Leben wird ihn daher jeder Besitzer einmal hervorholen und sich dann gerne der ersten Kochkunstausstellung nach der Nachkriegszeit erinnern«, wie Banzer es 1925 formulierte.

Auch die 5. IKA im Jahr 1929 war wiederum ein Glanzpunkt von internationaler Bedeutung im Frankfurter Messeleben. Am 16. Oktober 1929 tagte zudem erstmals der im Vorjahr gegründete Weltkochverband während der IKA in Frankfurt am Main. Übrigens wurde 1951 diese Tradition wieder belebt, als während der 8. IKA in Frankfurt am Main jener Weltbund nach dem Zweiten Weltkrieg wiederbegründet wurde.

Die Machtergreifung Hitlers wurde auch dem Internationalen Verband der Köche in Frankfurt am Main zum Verhängnis. Im Rahmen der »Gleichschaltung« ging der IVdK zusammen mit allen Gewerkschaften und Berufsverbänden am 2. Mai 1933 in der »Deutschen Arbeitsfront« (DAF) auf. Ludwig Metzler aus Berlin berichtete 1986, kurz vor seinem Tod:

»Am 1. Mai 1933 nach dem großen Aufmarsch auf dem Tempelhofer Feld wurden am 2. Mai sämtliche Fachverbände und Gewerkschaften in die DAF überführt. Da wir in Berlin einen großen Grundbesitz mit einem Verbandslokal hatten und wir als internationaler Verband mit dem Sitz in der Schweiz waren, hatten wir Gelegenheit, gegen diese Überführung Einspruch zu erheben, so daß wir als Fachverband in die Betriebsgemeinschaft Nahrung und Genuß-Gaststätten überführt wurden. Der gesamte Grundbesitz sowie ein Verbandsvermögen von fast 2 Millionen Reichsmark mußten abgeliefert werden. Der Leiter der Betriebsgemeinschaft war der Gruppenführer Hans Wolkersdörfer, Schriftführer im Reichstag in Berlin. Von Beruf aus war er Brauer, hatte aber sehr viel Verständnis für die Berufsverbände.«

Für Matthäus Carl Banzer war es bitter, sein Lebenswerk aus den Händen geben zu müssen. Er als Verbandsdirektor mußte den IVdK an die DAF übergeben und auch das Verbandsvermögen überführen. Mit der finanziellen Grundlage verlor der Verband seine selbständige Existenz. Die 6. IKA, die erste im Dritten Reich, stand dann unter der Schirmherrschaft von Oberbürgermeister Staatsrat Dr. Friedrich Krebs. Als »Veranstalter und Garanten der Ausstellung« zeichneten diesmal die »Fachschaft Köche in der Reichsbetriebsgruppe I Nahrung und Genuß mit ihrer Untergliederung Gesellschaft zur Förderung der Kochkunst Kochkunstmuseum — Frankfurt am Main«, der Verein Frankfurter Hotels und verwandter Betriebe e.V. und der Gastwirteverein Frankfurt a.M. und Umgebung (Innung). Auf Banzers Erfahrung wurde allerdings (noch) nicht verzichtet. Letztmals fungierte er als Technischer Leiter der IKA.

Die Fachnachrichten in »Die Küche« vom Oktober 1934 würdigen dementsprechend zwar Banzers Verdienst und das Wirken des bereits aufgelösten IVdK, doch schwingt in der Berichterstattung schon der Ton der »neuen Zeit« mit.

In der Tagespresse fanden sich gar anläßlich der 6. IKA parteipolitische Erklärungen wie diese:

»Es werden Fachleute und Gäste aus allen Weltteilen nach Frankfurt kommen. Sie werden nicht nur diese Ausstellung bewundern, sondern sie werden in ihren Heimatländern Kunde davon tun, was in kurzer Zeit aus Deutschland unter Führung Adolf Hitlers gemacht wurde. Sie werden, wenn sie objektiv urteilen, daheim nicht nur von deutschem Fleiß, Aufbau und Friedenswillen, sondern vor allem auch von wohltuender Ruhe, Ordnung und Disziplin in unserem Vaterlande berichten müssen. Sie werden weiter erkennen und berichten können davon, daß der schaffende deutsche Mensch heute einen Ehrenplatz in unserer Nation einnimmt, daß sich die Regierung Adolf Hitlers nicht nur seine soziale Betreuung, sondern vor allem auch seine berufliche Weiterbildung angelegen sein läßt.

Mein Dank gilt allen denen, die zum Gelingen dieser 6. IKA beigetragen haben. Mein Dank gilt vor allem dem Organisator und Leiter der Ausstellung, dem Direktor Banzer und seinen Mitarbeitern. Mein Dank gilt aber auch der Verwaltung der Stadt der deutschen Kochkunst, Frankfurt a.M. und ihrem Oberhaupt, Staatsrat Dr. Krebs, für die tatkräftige Unterstützung. Mein Dank gilt nicht zuletzt allen deutschen Firmen, die zum Gelingen der Ausstellung beigetragen haben.

Und nun, ihr deutschen Köche, Wirtschaftsführer und Gefolgschaftsleute, zeigt Deutschland, zeigt darüber hinaus der übrigen Welt, daß ihr euren alten Ruhm nicht nur erhalten wollt, sondern daß ihr, brüderlich vereint, weiter an der Spitze marschieren werdet.

Heil Hitler!

Hans Wolkersdörfer

M.d.R.

Reichsbetriebsgemeinschaftsleiter«

Nach der 6. IKA trat Banzer ab. Während der 7. IKA von 1937, an der sich 14 deutsche und 8 ausländische Kochmannschaften beteiligten und für die die Ausstellungsfläche auf das Doppelte vergrößert werden mußte, war Banzer lediglich Mitglied des Ehrenpräsidiums.

Dennoch blieben Banzers Vorgaben bis heute Leitfäden für die Gestaltung der Internationalen Kochkunst-Ausstellungen in Frankfurt am Main. Als die IKA nach dem Zweiten Weltkrieg wiederbelebt werden

Das Titelblatt des Katalogs der Internationalen Kochkunst-Ausstellung 1934 in Frankfurt am Main. Dieser Großveranstaltung stand als Organisator M. C. Banzer zum letzten Mal vor. Eine völlig neue Zeit war angebrochen. Banzer war kein Verbandsdirektor mehr, aber man bediente sich seines Talentes. Die graphische Gestaltung des Katalog-Titelblatts verrät sehr viel. Die nationale Komponente (schwarz-weiß-rot) trat in der Farbgestaltung stark nach vorne. Das Wort »International« stand in sehr kleinen Lettern gedruckt im Raum. Wenn es keine alte Traditionsveranstaltung gewesen wäre, wäre sie vielleicht abgesagt worden. Auf dem Herd brennt die feierliche heilige Flamme nicht wie ein Herdfeuer, sondern mehr wie eine Opferflamme. Ähnlich einer Flamme, die auf einer Pylon am Eingang eines Tempels brennt.

sollte, ergaben sich ähnliche Schwierigkeiten wie Banzer sie nach dem ersten Weltkrieg hatte. So schreibt der Geschäftsführer des neugegründeten Verbandes der Köche, Dr. F. Kolb, in seinem Begleitwort zum Katalog der ersten Kochkunst-Ausstellung nach 1945:

»Der erste Weltkrieg brachte begreiflicherweise Rückschläge und eine 14jährige Unterbrechung in der Ausstellungsfolge von 1911 bis 1925. Dieser Tatsache eingedenk drängt sich unwillkürlich die Überlegung auf, ob wir 1951, 6 Jahre nach Beendigung der Kampfhandlungen, bereits wieder in der Lage sind, eine IKA erfolgversprechend zu gestalten. Wir dürfen die Frage in diesem Zusammenhang unbeantwortet lassen, wie es auch nicht interessiert, inwieweit es gelungen ist, die personellen, materiellen und ideellen Schäden zu beheben, die der zweite Weltkrieg dem Hotel- und Gaststättengewerbe zugefügt hat.

Eine Ausstellung kam also nicht in Betracht, erst recht keine IKA, die vielleicht falsche Vorstellungen hervorgerufen und im Vergleich zu früheren Veranstaltungen dieser Art, trotz aller Fortschrittlichkeit, enttäuscht hätte.

Die erste kulinarisch-gastronomische Veranstaltung, die der als Rechtsnachfolger des IVDK neu gegründete Verband der Köche innerhalb der zweiten Bundesfachschau für das Hotel- und Gaststättengewerbe durchführt, nennt sich schlicht Kochkunstschau.

Die Kochkunstschau 1951 steht somit ganz im Zeichen der modernen Hotel- und Restaurantküche. Mehr sein als scheinen — dieser Grundsatz gilt nach dem einleitend Gesagten im besonderen Maße für die Kochkunstschau 1951 in Frankfurt am Main, die sich nicht international nennt, sondern international ist.«

Die Kochkunstausstellung von 1951, Anlaß für erste öffentliche Auftritte des 1949 als Nachfolgeverband des IVdK gegründeten Verbands der Köche, fand zusammen mit der 2. Bundesfachschau für das Hotel- und Gaststättengewerbe statt. An den Kochwettbewerben nahmen damals schon wieder fünf ausländische Mannschaften (Frankreich, Niederlande, Jugoslawien, Österreich, Schweiz) teil. Auf der 9. IKA von 1956 dann, die zusammen mit der 7. Bundesfachschau für das Hotel- und Gaststättengewerbe veranstaltet wurde, beteiligten sich bereits 400 Köche aus elf Nationen an den Konkurrenzen, und im Internationalen Restaurant bereiteten Küchenmeister aus sechs Ländern ihre Nationalgerichte für die Jury und die Besucher.

Köche bei der Abgabe der ersten Musterteller.
(Internationale Kochkunst-Ausstellung 1964) Eine strenge Jury überwacht die
Küchenprodukte, die im Restaurant der Nationen angeboten werden.
Im Vordergrund rechts der unvergessene Hans Arnold, Gründungspräsident der
Gastronomischen Akademie Deutschlands e.V., daneben der erst kürzlich verstorbene
Kollege Leimeister aus Königstein.

Seit 1956 wurde ein Vier-Jahres-Turnus der IKA eingehalten, so daß 1960 die 10. IKA, 1964 die 11. IKA, 1968 die 12. IKA und 1972 die 13. IKA in Frankfurt am Main folgten, und zwar stets verbunden mit der Bundesfachschau für das Hotel- und Gaststättengewerbe. Dem Besucher dieser Veranstaltungen mußte einfach das Wort von Alfred Guérot, dem Ehrenpräsidenten der IKA von 1956, im Ohr klingen, daß die Frankfurter Internationale Kochkunst-Ausstellung die beste ihrer Art sei.

Leider zeichnete sich nach der 14. IKA von 1976 eine Tendenz ab, durch die die traditionelle IKA an Boden verlor. Die bisherige Dynamik und Fortschrittlichkeit dieser Messe, die vor allem bis 1964 für diese Veranstaltung prägend gewesen war, war verflogen. Der über zwei Jahrzehnte während Zweckverband zwischen den beiden Großveranstaltungen — IKA und Bundesfachschau — ließ sich nicht mehr fortführen.

»Ausgebrochen« aus der Stille der Klosterküche in die große Welt der Internationalen Kochkunst-Ausstellung mit ihren vielen Veranstaltungen.

Der Vorsitzende der Geschäftsführung der Messe Frankfurt GmbH, Dr. Horstmar Stauber, dem für seine Bemühungen an dieser Stelle gedankt sei, berichtet 1986 in einem Brief über den finanziellen Aspekt der IKA seit 1945:

»Zum Thema Geldbewegungen durch die Kochkunstausstellungen sind unterschiedliche Aussagen möglich. Ergebnisse dieser Art sind schwierig zu erfassen und gehören üblicherweise nicht zur Fazitaussage einer Veranstaltung. Eine — nachkriegszeitlich zu verstehende — Ausnahme macht die IKA 1951, für die ein Umsatz von 55 Millionen DM angegeben wird. Darüber hinaus weist jede Messeveranstaltung sozioökonomische Effekte für die Wirtschaft des Veranstaltungsortes und -raumes auf: So betrugen z.B. die regionalen Gesamtausgaben von Ausstellern und Besuchern bei Frankfurter Messen und Ausstellungen (ermittelt durch Befragungen und Schätzungen) im Jahr 1976 etwa 250 Millionen DM und 1980 etwa 460 Millionen DM.«

Die Anzahl der Besucher der IKA von 1968 bis 1984 ist um 40% zurückgegangen. Das läßt sich darauf zurückführen, daß sich zur Zeit der Internationalen Kochkunst-Ausstellungen von 1972 und 1976 der Markt für gastgewerbliche Einkäufer in einer Umbruchphase befand. Damals etablierte sich in Düsseldorf eine gastgewerbliche Fachmesse, was sich negativ auf die Ausstellerbeteiligung der IKA auswirkte. Mit der DEHOGA sollte eine große Schau für das Gastgewerbe geschaffen werden, die nicht nur alle vier Jahre, wie die zusammen mit der IKA veranstaltete Bundesfachschau, stattfinden sollte. Der Verband der Köche hielt jedoch an dem vierjährigen Turnus der IKA fest, so daß keine häufigere Ausrichtung der Frankfurter Doppelmesse zustandekam. Demnach gründete die DEHOGA die Düsseldorfer HOGATEC, die vorerst der Frankfurter Messe den Rang ablief. Bis heute hat sich die Düsseldorfer Messe allerdings nicht in dem Maße, wie ursprünglich erwartet, ausgedehnt, zumal sie sich als reine Fachmesse — und nicht wie die Frankfurter IKA als Ausstellung für das breite Publikum — präsentiert. Zusammenfassend ist zu dieser Entwicklung zu sagen, daß die Teilung von Internationaler Kochkunst-Ausstellung und Bundesfachschau für das Hotel- und Gaststättengewerbe sicher Grund für die rückläufigen Besucherzahlen ist. Die entsprechende, die IKA begleitende Messe, wurde dennoch nicht aufgegeben, konnte in den letzten Jahren jedoch nur noch eine kleinere Ausgabe anderer Großmessen (wie z.B. ANUGA, INTERNORGA, FEINKOSTMESSE) sein. Die neuere Entwicklung läßt jedoch hoffen, daß der Messeplatz Frankfurt neben der Internationalen Kochkunst-Ausstellung, jener traditionellen Veranstaltung von weltweiter Bedeutung, bald auch wieder eine attraktive Fachmesse für Hoteliers und Gastwirte anbieten kann.

Bei allen Internationalen Kochkunst-Ausstellungen nach 1945 aber stellte der Verband der Köche die von Eugen Lacroix für das neue Verbandshaus in der Steinlestraße gestiftete Büste Matthäus Carl Banzers auf, die der Frankfurter Bildhauer Georg Krämer geschaffen hat. Dieses Bildwerk, das anläßlich der Messen tausende von Köchen aus aller Welt sahen, ist Zeichen dafür, daß Banzers Schöpfergeist noch heute in der Tradition der IKA weiterwirkt.

Die Büste von Verbandsdirektor M. C. Banzer, eine Stiftung von Eugen Lacroix für das neue Verbandshaus in der Steinlestraße 32. Die Büste wird vom Verband der Köche Deutschlands bei allen Internationalen Kochkunst-Ausstellungen an einem profilierten Platz in einer Messehalle ausgestellt.

In den ersten zwei Jahren seines Bestehens gab der Internationale Verband der Köche in Frankfurt am Main unter dem Titel »Zeitung der Köche« (1896/97) für seine Mitglieder ein Mitteilungsblatt heraus. Ein Zeitgenosse erinnert sich nach dem Zweiten Weltkrieg in der Zeitung »Die Küche«:

»Direktor Banzer erzählte mir gelegentlich, daß die ersten Ausgaben der ʼZeitung der Köche' in einem kleinen primitiven Verbandsbüro postversandfertig gemacht und mit einem Kinderwagen zur Post geschafft wurden. Man sieht auch hier: Aller Anfang ist schwer!«

Zunächst nur zaghaft, dann vehementer wurde in Köchekreisen der Wunsch geäußert, daß das Verbandsorgan doch zu einer richtigen Zeitung in gängigem Format, die man auch in Jahrgangsbänden sammeln konnte, ausgebaut werden sollte. Dieser Bitte aus Mitgliederkreisen wurde entsprochen, und der Verbandsdirektor als verantwortlicher Redakteur bemühte sich fortan, ein attraktives fachpublizistisches Organ zu schaffen, das den Ansprüchen der Mitglieder in jeder Hinsicht gerecht werden sollte. Im Jahr 1898 erschien erstmals die Halbmonatsschrift »Kochkunst«, die sich innerhalb kürzester Zeit zu einer vielbeachteten Fachzeitschrift entwickelte. Das Themenspektrum in »Kochkunst« reichte von der Berufshistorie über Ernährungsfragen und Diätetik bis hin zu der von Escoffier gerade entwickelten neuen Richtung in der Grande Cuisine. Um alle Problemkreise sachkundig präsentieren zu können, gewann Banzer namhafte Köche, Ärzte und Fachjournalisten als Mitarbeiter für die Zeitschrift, die schon bald neben den Verbandsmitgliedern stattliche 6000 Abonnenten aufweisen konnte.

Zum Jahr 1907 wurde der Titel in »Kochkunst und Tafelwesen« geändert, was Banzer in der 24. und letzten Ausgabe von »Kochkunst« im Jahr 1906 folgendermaßen begründet:

»Als wir vor nunmehr 8 Jahren an die Gründung unserer »Kochkunst« herangingen, geschah es in der Absicht, eine längst gefühlte Lücke in der Fachliteratur auszufüllen. Gab es doch bis dahin keine Zeitschrift, in der die auf kulinarischem Gebiet gemachten Erfahrungen, Errungenschaften und Neuerungen einen größeren Spielraum einnahmen, und war doch die Küchenfachwelt aus diesem Grunde fast ausschließlich auf die in den Kochbüchern und lexikalischen Werken enthaltene Wissenschaft angewiesen! Das Erscheinen der »Kochkunst« rief daher von allem Anfang an lebhafte Begeisterung hervor, die ihren deutlichsten Ausdruck in der rasch gewonnenen und ständig steigenden Abonnentenzahl fand. Nicht nur die Küchenfachwelt, sondern auch die Hoteliers, Gastwirte und Restaurateure brachten der Zeitschrift reges Interesse entgegen, und bald fing man auch in den feinen und vornehmen Herrschaftshäusern an, den halbmonatlich erscheinenden Heften weitgehende Aufmerksamkeit zu schenken. So gelangte das Blatt in kurzer Zeit zu Ansehen und erwarb sich mit den Jahren einen festen Stamm treuer Freunde und anhänglicher Abonnenten, der seine Kreise immer weiter zog und uns die Gewißheit verschaffte, daß man unseren Bestrebungen in der kulinarischen und gastronomischen Welt das richtige Verständnis entgegenbrachte.

Wenn wir uns nun aber auch sagen durften, daß wir von allem Anfang an unser Möglichstes getan hatten, um das Blatt interessant und lehrreich auszustatten, so ist uns mit dem Wachsen des Leserkreises doch noch eine neue und erweiterte Pflicht entstanden. Ein fachwissenschaftliches Blatt muß nicht nur ein getreuer Begleiter der Zeit sein, sondern auch als Wegweiser der Zeit voranschreiten und das Fach immer höher zu entwickeln suchen. Auch wir erblicken in dieser Aufgabe unser Zukunftprogramm, dessen Erfüllung wir uns mit allen uns zur Verfügung stehenden Mitteln angelegen sein lassen werden. Den Beweis dafür soll bereits unsere nächste Nummer erbringen. Das am 1. Januar 1907 erscheinende Heft wird sich nämlich sowohl in seiner äußeren wie in seiner textlichen Ausgestaltung wesentlich von den bisherigen Ausgaben der »Kochkunst« unterscheiden. In verdoppelter Stärke, in neuem Gewande und unter dem erweiterten Titel »Kochkunst und Tafelwesen« wird sich die Zeitschrift präsentieren, und entsprechend dieser äußeren Umgestaltung wird sich auch der Inhalt des Blattes in Zukunft bedeutend reicher und vielseitiger gestalten. Wohl wird die Zeitschrift auch weiterhin ihren Charakter als kulinarisches Fachblatt beibehalten und sich die Pflege der Kochkunst nach wie vor mit allem Eifer angelegen sein lassen; daneben werden wir aber auch jenen Gebieten unser Augenmerk zuwenden, die mit der gastronomischen und gastrosophischen Wissenschaft in Zusammenhang stehen, so zum Beispiel dem Tafelwesen, der Getränkekunde, verschiedenen Zweigen der Hotelerie, der Anlage und Einrichtung der Küchen, der Küchenkontrolle usw. Dabei werden wir für eine reiche Illustrirung des Textes Sorge tragen und den Kreis unserer bewährten Mitarbeiter durch

Hinzuziehung neuer tüchtiger Kräfte zu erweitern suchen, kurzum, wir werden alles daransetzen, um unsere Zeitschrift so vollkommen wie möglich auszugestalten.«

Die Verbandszeitschrift hatte sich zu einem fachjournalistischen Juwel gemausert das, gemäß seinem anspruchsvollen Titel, die Verbindung von Kochkunst und Tafelwesen pflegte und der Fachwelt eine Fülle richtungsweisender Impulse gab. Banzer, selbst äußerst kompetenter Fachschriftsteller, der sich zudem seit 1909 auf Quellen aus dem Kochkunstmuseum und seiner Bibliothek stützen konnte, hatte bereits 1907 einen hervorragenden Mitarbeiterstab für »Kochkunst und Tafelwesen«. Die Liste der Namen spricht für sich: Jules Ackermann, Arthur Anderegg, Adolf Anker, Franz Josef Beutel, E. Blankenburg, A Borcke, Rob. Brühl, Alb. Butterlin, F. Camphausen, Herm. Doerr, Chr. Dorst, Charles Dunz, C. Ebbinghausen, Auguste Escoffier, Phil. Gilbert, Carl Gruber, A. Hacks, F. Haefele, Carl Haevel, Carl Halbheer, Jean Hardt, J. A. Heckmann, Georges Herr, Otto Hübner, Hugo Janick, Ernst Jörns, Franz Carl Mack, Alexander Mathis, Adolphe Meyer, Max Riedl, Luis Saynisch und Arthur Uhlig. Wen wundert es — die herrliche typografische Gestaltung der Zeitschrift vor Augen — daß die gesammelten Jahrgänge von »Kochkunst« bzw. »Kochkunst und Tafelwesen« heute als bibliophile Kostbarkeiten und frühe Zeugnisse des Gastro-Journalismus begehrte Sammelobjekte sind?

Banzer blickt 1920 auf die glanzvolle Zeit vor dem Ersten Weltkrieg zurück:

»Die letzten 20 Jahre vor Kriegsausbruch bedeuteten für die Kochkunst eine Epoche des Aufschwungs, die letzten 10 Jahre geradezu eine Epoche des Glanzes. Nach einer Zeit, in der so viel Wert auf Nebensächlichkeiten gelegt worden war, während der eigentliche Zweck der Kochkunst, die Speisen unter Ausnutzung ihres vollen Nährwertes in höchster Geschmacksvollendung und tadellosem Aussehen auf den Tisch zu bringen, vernachlässigt wurde, setzte die Besserung zunächst langsam ein, um aber dann rasch der neuen, besonders von dem französischen Altmeister Auguste Escoffier begründeten Richtung zu folgen. Die Stearin- und Fettsockel, die ungenießbaren Garnituren und Dekorationen und die im Übermaß verwendeten Spieße verschwanden immer mehr, die Speisen erschienen wieder in ihrem natürlichen Zustand auf der Tafel, aber die Kunst litt darunter nicht Not. Unsere Meister vom Fach verstanden es,

KOCHKUNST

No. 24. — 1906.

Kochkunst und Tafelwesen

11. JAHRGANG   15. FEBRUAR 1909   HEFT Nr. 4

Kochkunst und Tafelwesen

Illustrierte Monatschrift

DES INTERNATIONALEN VERBANDES DER KÖCHE
SITZ FRANKFURT A. M.
UND SEINES KOCHKUNST-MUSEUMS.

16. JAHRGANG   HEFT 1   JANUAR 1914

DIE KÜCHE

ZEITSCHRIFT FUR KOCHKUNST U. TAFELWESEN
KÜCHENTECHNIK UND -ORGANISATION

Halbmonatsschrift des Internationalen Verbandes der Köche Sitz Frankfurt am Main
Geschäftsstelle und Redaktion: Frankfurt am Main, Windmühlstraße 1

Erscheint am 1. und 15. eines jeden Monats   Nachdruck, auch auszugsweise, verboten

Bezugspreis unter Streifband direkt durch die Post oder vom Verlag vierteljährlich 2.50 Goldmark, Einzelnummer 0.50 Goldmark.	Fernsprecher: Amt Senckenberg 33777 Telegramm-Adresse: Kochkunstmuseum Postscheckkonto des Internat. Verbandes der Küche Frankfurt a. M. Nr. 3953.	Inserate das viergespaltene Zeilen-millimeter 0.10 Goldmark bei Wiederholungen entsprechend Rabatt Schluß der Annahme am 7. und 22. d. Mts.

36. Jahrgang   15. Februar 1932   Nr. 4

Der sogenannte »Aufmacher« im Wandel der Zeit: Von »Kochkunst« bis »Die Küche«.

nicht nur die Gerichte auch in ihrer Natürlichkeit in einer Auge und Herz erfreuenden Weise anzurichten, sondern die neue Anrichtekunst feierte bald wahre Triumphe. Wer die Kochkunstausstellungen besuchte, konnte deutlich die Fortschritte beobachten, die unsere Koch- und Anrichtekunst machte. Die drei großen Frankfurter Kochkunstausstellungen unseres Verbandes waren geradezu typische Beispiele dafür. Während die Ausstellung im Jahre 1900 noch mehr Stearin- und Fettsockel als wirkliche Gerichte aufwies, brachte die Ausstellung im Jahre 1905 nur noch vereinzelte Entgleisungen. Im Jahre 1911 aber wagte sich kein derartiges Stück mehr hervor. Dafür aber bot sich den Besuchern ein Bild natürlicher Schönheit auf den Prunktafeln der Kochkunst, wie man es bis dahin nicht gesehen hatte.

Dieser prächtige Aufschwung der Kochkunst war der Tätigkeit der beiden Köche-Verbände, ihren Ausstellungen, ihren Fachbüchern und ganz besonders ihren beiden Zeitschriften zu verdanken. Die Förderung der Kochkunst bildete eine der Hauptaufgaben der Verbände. Ihrem tatkräftigen Bemühen war es zu verdanken, daß die Kochkunst nicht nur in den Palästen und erstklassigen Hotels heimisch war, sondern daß selbst die Küche in den Speiserestaurants ihren künstlerischen Anstrich hatte. Unsere Zeitschriften halfen der jungen Fachwelt nach, gaben derselben Anregung und spornten sie zu erstklassigen Leistungen an. Kurz gesagt, wir waren auf der Höhe!

Alledem hat der Krieg in kurzer Zeit ein Ende gemacht. Die uns aufgezwungene Vereinfachung hatte leider auch eine Verflachung unserer alten guten Grundsätze zur Folge. Der junge Nachwuchs unseres Berufes erhielt während der Kriegsjahre eine höchst mangelhafte Ausbildung. Tausende von jungen Köchen haben in ihrer Praxis noch keinen Hummer, keinen Steinbutt und keine Poularde unter den Händen gehabt, sie haben weder einen regelrechten Fond, noch eine vorschriftsmäßige Suppe oder Sauce ansetzen gelernt. Sie wurden in der Pfuscharbeit erzogen und stehen nun, da die Anforderungen langsam wieder zu wachsen beginnen, unerfahren unter den älteren Kollegen und müssen frisch zu lernen anfangen.«

Wie hier angesprochen, mußte Ende 1914 infolge der Zeitereignisse das Erscheinen von »Kochkunst und Tafelwesen« eingestellt werden. Die glanzvolle Epoche der Verbandszeitschrift endete mit einem Heft, in dem über Themen wie »Kalte Fruchtspeisen«, »Speisen in Glasschalen«,

Direktion und Redaktion:

Frankfurt a. M. ⚹ Hochstraße 50

Telephon 3777.

Ständige Mitarbeiter des Jahrgangs 1907:

Jules Ackermann	A. Hacks
Arthur Anderegg	F. Haefele
Adolf Anker	Carl Haevel
Frz. Jos. Beutel	Carl Halbheer
E. Blankenburg	Jean Hardt
A. Borcke	J. A. Heckmann
Rob. Brühl	Georges Herr
Alb. Butterlin	Otto Hübner
F. Camphausen	Hugo Janick
Herm. Doerr	Ernst Jörns
Chr. Dorst	Frz. Carl Mack
Charles Dunz	Alex. Mathis
C. Ebbighausen	Adolphe Meyer
Aug. Escoffier	Max Riedl
Phil. Gilbert	Louis Saynisch
Carl Gruber	Arthur Uhlig

Redaktion: M. C. Banzer.

Zweigbureaus:

Berlin	Köln	Straßburg i. E.	Zürich
Wilhelmstr. 46/47	Stolkgasse 39	Kageneckerstr. 30	Waisenhausquai 5
Telephon Amt I 5922	Telephon 1890	Telephon 2967	Telephon 5427.

Aus »Kochkunst und Tafelwesen« Jahrgang 1907. Der bedeutendste Kochkünstler unseres Jahrhunderts, Auguste Escoffier, war Redaktionsmitglied bei diesem Fachblatt.

74

Franz Josef Beutel. Kurz vor Ausbruch des Ersten Weltkrieges verstarb am 16. Januar im Alter von kaum 40 Jahren der langjährige Mitarbeiter der Monatsschrift »Kochkunst und Tafelwesen« Franz Josef Beutel. Auch er war einer der Männer der ersten Stunde. Banzer schrieb 1914: »Er war nicht nur unser fleißigster, sondern auch unser erfindungsreichster Mitarbeiter, und selbst diejenigen, die seine Arbeiten und Vorschläge zu phantastisch fanden, mußten ihm zugestehen, daß er mit Beharrlichkeit an seinen Idealen hing und wertvolle Anregungen zu geben wußte.

»Menüs und Rezepte für Herrschaftshäuser«, »Einige Apfelspeisen für die bürgerliche Küche«, »Einfache Rezepte aus der Praxis«, aber auch »Eine Geburtstagsmalzeit im Granatfeuer vor dem Feinde« berichtet wurde.

Fortan mußte sich der IVdK auf ein Mitteilungsblatt für seine Mitglieder beschränken. Erst im Jahr 1920 konnte an die fachpublizistische Tradition angeknüpft werden. Als Nachfolgeorgan von »Kochkunst und Tafelwesen« erschien ab Mai des Jahres unter dem Titel »Die Küche« wieder eine Fachzeitung. Zu einer Zeit, als der IVdK keine eigene Zeitschrift herausbringen konnte, wurde im Zug der Fusion mit dem Berliner Verband der Köche mit dem IVdK (1917) das Organ des Berliner Verbandes »Die Küche« übernommen. Banzer schreibt anläßlich des Wiederauflebens der Zeitschrift über diese Konzession an den Berliner Verband:

»Nach einer Pause von nahezu sechs Jahren bringt der »Internationale Verband der Köche« mit dem vorliegenden Heft seine bei Kriegsausbruch eingestellte Fachzeitschrift »Kochkunst und Tafelwesen« unter dem neuen Namen »Die Küche« wieder heraus. Die Namensänderung ist erforderlich geworden durch die Verschmelzung des »Internationalen Verbandes der Köche« mit dem »Verband Deutscher Köche«, welch letzterer sich vertraglich ausbehielt, daß seine altberühmte Zeitschrift »Die Küche«, die infolge der Verschmelzung zu erscheinen aufhörte, nach dem Kriege als neue Folge unserer Zeitschrift »Kochkunst und Tafelwesen« wieder aufleben sollte. Wir konnten dieser vertraglichen Verpflichtung umso leichter gerecht werden, als der Titel »Die Küche« zu den durch den langen Krieg geschaffenen Verhältnissen besser paßt, als der frühere, vornehmer klingende Name »Kochkunst und Tafelwesen«.«

Die Hauptaufgabe der wiederbelebten Verbandszeitschrift formuliert Banzer unter Berücksichtigung der oben bereits angesprochenen Informationslücke und Mängel in der Ausbildung, die der erste Weltkrieg nach sich zog, so:

»Diese Kollegen in die heutigen Verhältnisse einzuführen und jene mangelhaft ausgebildeten Kollegen zu unserer echten Kunst emporzuführen, soll die Hauptaufgabe unserer wieder ins Leben gerufenen Zeitschrift sein. Unser Programm ist also ein schwierigeres und wohl auch ein undankbareres als früher. Wir werden es aber beharrlich durchzuführen suchen. Wir stehen vor einem Trümmerfeld, das wieder aufgebaut werden soll. Vielleicht gelingt es uns, aus diesem Trümmerhaufen noch Schöneres und Besseres aufzubauen, als wir vor dem Kriege besaßen.

Denn trotz der Höhe, auf der unsere Kunst stand, hafteten dieser doch auch Fehler an. Es fehlte ihr die wissenschaftliche Grundlage, die wir ihr wohl durch die Gründung unseres Kochkunst-Museums und auch durch entsprechende Abhandlungen in unseren Zeitschriften zu geben versuchten. Diese Bestrebungen fanden aber noch nicht die Unterstützung und das Interesse, das zu ihrer raschen Verwirklichung erforderlich war. Und auch jetzt wird das Interesse für den materiellen Wiederaufbau zunächst unsere ganze Kraft in Anspruch nehmen und jede Betätigung auf wissenschaftlichem Gebiet hemmen. Nichtsdestoweniger werden wir aber dieses Feld langsam zu beackern und das Interesse bei der Fachwelt dafür zu wecken suchen.

Leider können wir die Zeitschrift nun nicht in der Aufmachung herausbringen, die sie früher zeigte. Infolge der Papiernot müssen wir statt des früher gebrauchten glänzenden Kunstdruckpapiers ein einfaches dünnes Papier verwenden, und die hohen Papier- und Druckpreise gestatten uns zunächst nur ein monatliches Erscheinen. Diese uns aufgezwungene Einschränkung ist im Interesse der Sache sehr bedauerlich, sie wird aber andererseits den Erfolg haben, daß das Wenige, das wir zunächst in dem beschränkten Umfang der Zeitschrift bieten können, aufmerksam gelesen und studiert wird. Sobald sich die Verhältnisse auf dem Papiermarkt bessern, werden wir ein feineres Papier verwenden und so, hoffentlich in nicht allzuferner Zeit, die Zeitschrift wieder in der altgewohnten Weise herausbringen können. Bis dahin müssen wir um Nachsicht bitten.

Nicht nur an unsere alten bewährten Mitarbeiter, sondern an alle Kollegen, die neben dem Kochlöffel auch die Feder einigermaßen zu führen verstehen, richten wir die Bitte, nach Kräften mitzuarbeiten, damit unsere Zeitschrift trotz ihres zur Zeit mäßigen Umfanges und ihrer mageren Ausstattung eine Leuchte unseres Berufes und unserer Kunst werde.«

Schon seit Dezember 1922 wurde das Erscheinen der Zeitschrift »Die Küche« vorläufig wieder eingestellt. Wiederum behinderten die Zeitumstände, diesmal vor allem die wirtschaftliche Situation, die Herausgabe des Fachorgans. Zwei Jahre später, zum Jahresbeginn 1925, als die Inflation überwunden war, konnte dann ein Neubeginn gewagt werden. Seitdem kam »Die Küche« regelmäßig bis gegen Ende des Zweiten Weltkrieges heraus. Die Zeitschrift konnte 1949 erneut wiederbegründet werden und erscheint bis heute ohne Unterbrechung.

Die von Banzer und Friebel so vorbildlich geführte Zeitschrift »Die Küche«, für die der IVdK verantwortlich zeichnete, wurde nach 1933 von der »Reichsbetriebsgemeinschaft Nahrung und Genuß«, in der der IVdK aufgegangen war, übernommen. Nach 1945 fungierte der Verband der Köche als Nachfolgeorganisation des IVdK als Herausgeber des Fachorgans, dessen Tradition bis heute reicht.

Banzer, dem vor allem der glanzvolle Aufstieg von »Kochkunst und Tafelwesen« vor 1914 zuzuschreiben ist, war jedoch nicht nur ein hervorragender Fachjournalist, sondern auch ein anerkannter Schriftsteller auf dem Gebiet der Kochkunst. Vor allem tritt seine unglaubliche Kompetenz in dem zusammen mit Carl Friebel, seinem treuen Mitarbeiter und Chefredakteur der »Küche«, herausgegebenen Standardwerk »Die Restaurationsküche« hervor, das noch heute zum Rüstzeug eines qualifizierten Kochs gehört.

Heinz Klinger, der heutige Bearbeiter des Werkes, berichtet, daß dem Buch ein 1904 in der Zeitschrift »Kochkunst« ausgeschriebenes Preisausschreiben zugrundelag, durch das Köche aus aller Welt aufgerufen waren, Rezepte an die Redaktion einzuschicken. Banzer und Friebel bearbeiteten die Einsendungen und stellten aufgrund dessen das Werk »Das große Restaurationsbuch« (1905) zusammen. Aus diesem, anläßlich der 2. IKA erschienenen Buch, ging dann das Prachtwerk »Die Restaurationsküche — Ein Universalkochbuch und Nachschlagewerk für Restaurationsküchen, Hotelrestaurants, Weinstuben, Frühstücksstuben und alle sonstigen Gaststätten — unter besonderer Berücksichtigung der Nationalgerichte und fremdländischen Spezialitäten« hervor, das — allgemein nur »Banzer/Friebel« genannt — zu einem wahren Küchen-Bestseller wurde. Harry Schraemli beurteilt in seiner Bibliographie »Zweitausend Jahre gastronomische Literatur«, dem »Offiziellen Führer durch die Fachbücherschau« auf der Gastgewerblichen Ausstellung in Zürich 1942, die Neuausgabe des Werkes durch Klinger unter dem Titel »Die Hotel- und Restaurationsküche« so:

»Natürlich enthält dieses — mit 4 Goldmedaillen ausgezeichnete — Werk auch Rezepte, seine Einmaligkeit beruht aber auf den detaillierten Arbeitsanleitungen, den ausführlichen Erklärungen, warum was wie be- oder verarbeitet werden muß sowie der konsequenten Forderung, selbst die kleinste Beilage fachlich richtig und auch wirtschaftlich herzustellen.

Kochkunst und Tafelwesen

Illustrierte Halbmonatschrift

OFFIZIELLES ORGAN
DES KOCHKUNST-MUSEUMS IN FRANKFURT AM MAIN

ABONNEMENT: Deutschland und Oesterreich jährlich 6 Mk., halbjährlich 3 Mk.; Ausland jährlich 8 Mk. (10 Frs.), halbjährlich 4 Mk. (5 Frs.) — Man abonniert bei den Geschäftsstellen des Internat. Verbandes der Köche: Frankfurt a. M., Lindmühlstraße 1; Berlin, Köthenerstraße 31; Köln, Andreaskloster 14; Straßburg i. E., Kageneckerstraße 30; Zürich, Waisenhausquai 5. Ferner bei den Buchhandlungen und Postanstalten.

INSERATE: Die drei-gespaltene Nonpareillezeile oder deren Raum 40 Pf., bei Wiederholungen entsprechender Rabatt.

| 15. JAHRGANG | 15. JUNI 1913 | HEFT Nr. 12 |

Titelbilder aus dem „Almanach des Gourmands"
Aus dem Anfang des 19. Jahrhunderts.

Die Audienz des Gourmands.   Der nachdenkende Gourmand.

Die beiden der Bibliothek des Kochkunst-Museums von unserem Mitglied Herrn J. Armbruster zum Geschenk gemachten Bändchen, deren Inhalt ebenso interessant und sorgfältig durchgeführt ist, als die beiden prächtigen Titelbildchen, liefern einen sprechenden Beweis dafür, welche Verehrung man zu Anfang des 19. Jahrhunderts unserer Kunst entgegenbrachte.

In »Kochkunst und Tafelwesen« abgedruckte Titelbilder aus »Almanach des Gourmands«. Dieses Werk wurde von IVDK-Mitglied J. Armbruster der Bibliothek des Kochkunstmuseums gestiftet.

79

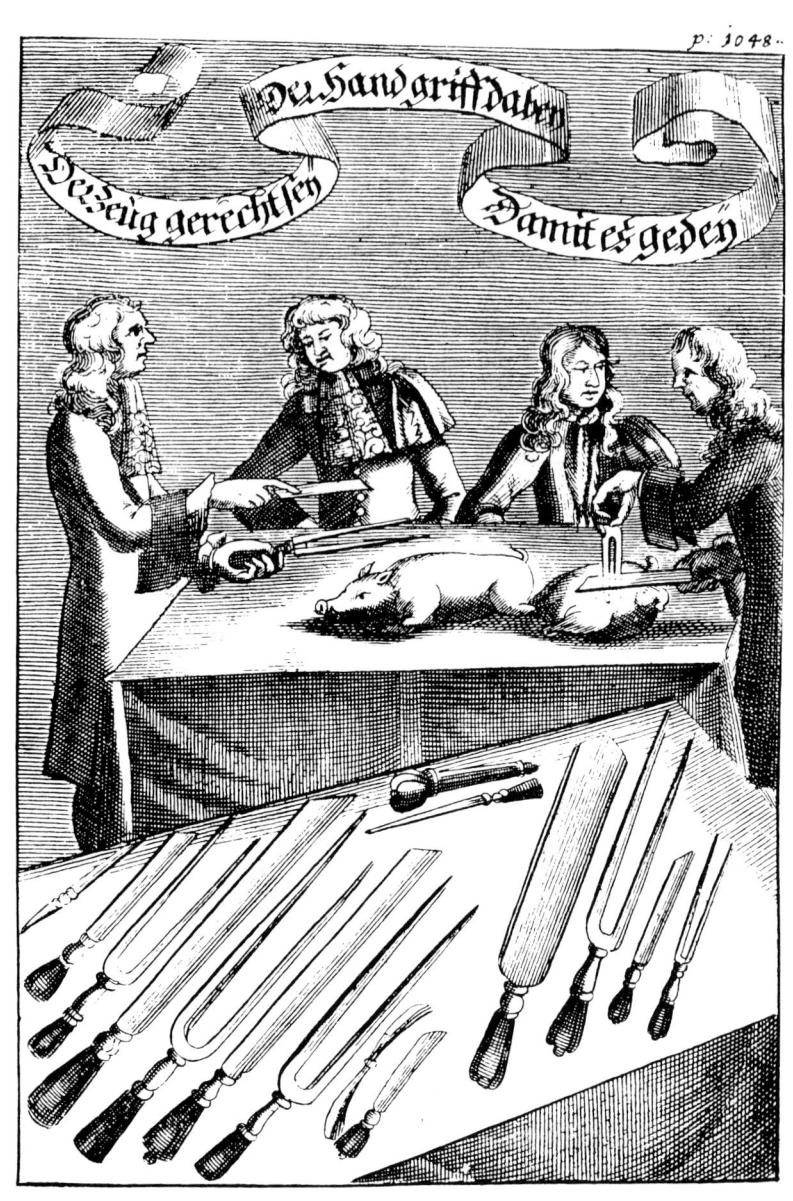

Aus der Bibliothek des Kochkunstmuseums

Ausführlich — umfassend. Klare und verständliche Beschreibungen; praxisgerecht — reich bebildert. Führend in der aktuellen und traditionellen gastronomischen Rezeptur. Jetzt jedes Rezept mit präzisen Mengenangaben und genauen Garzeiten.«

Banzers besonderes Verdienst ist außerdem die Übersetzung von Auguste Escoffiers »Le guide culinaire« (1902) in die deutsche Sprache (1914). Hier konnte Banzer vor allem auch unter Beweis stellen, daß er die Fachsprache der Kochkunst, die über die Grenzen hinaus gültige Begriffe schuf, pflegte und achtete. Auch in späteren Jahren wandte er sich immer gegen gewaltsame Verdeutschungen in der Sprache der Köche, wie sie von den Nationalsozialisten gefordert wurden. Gräßliche Wortungeheuer zu konstruieren, Begriffe wie z.B. »Pommes frites« ersetzen zu wollen, war nicht seine Sache. Er bemühte sich vielmehr um die internationale Sprache der Köche, das »Berufsesperanto der Tafelkultur«, was nicht heißen soll, daß er in seinen Publikationen jene Fachsprache nicht auch dem unbedarften Leser transparent verständlich machen konnte.

Abschließend sei noch einmal auf die großartige Konzeption der Bibliothek des Kochkunstmuseums verwiesen, die auf Banzer zurückging und von seiner Erfahrung als Fachschriftsteller auf jenem Gebiet zeugte. Im Jahre 1937 umfaßte die Bücherei insgesamt 3033 Bände, davon allein 1298 Werke aus allen Bereichen von Kochkunst und Tafelwesen in deutscher Sprache, dazu 722 Bücher in englischer, 439 in französischer und 41 in weiteren Sprachen, sowie unter anderem noch 378 Zeitschriften (in Jahrgängen gebunden) und 50 Handschriften. Damit hatte Banzer sich und allen Fachschriftstellern eine hervorragende Grundlage für die fachkulturelle Arbeit geschaffen. Banzer hat sich um die Pflege der Fachkultur auf dem Gebiete von Kochkunst und Tafelwesen wirklich in jeder Beziehung verdient gemacht.

Das Frankfurter Kochkunstmuseum
bis zu seinem Untergang im »Dritten Reich«

Unmittelbar nach der Machtübernahme Hitlers 1933 zeichnete sich die künftige Entwicklung der Frankfurter fachkulturellen Einrichtungen der Köche ab. Da es sich beim IVdK um einen Berufsverband internationaler Prägung handelte, der nicht in das System der neuen Machthaber paßte, wurde der Internationale Verband der Köche am 2. Mai 1933 »gleichgeschaltet«. Er verlor seinen traditionsreichen Namen, und seine ursprüngliche Struktur ging in der nationalsozialistischen Organisation, in der er aufgegangen war, verloren. Man fügte sich gezwungenermaßen völlig in den totalitären Staat ein. Irgendwelche Abweichungen von der offiziellen Linie der Partei sind aus den Kreisen des ehemaligen IVdK nicht bekannt.

Auch die dem IVdK unterstellten fachkulturellen Einrichtungen mußten dem neuen Zeitgeist angepaßt werden. Im Fachorgan »Die Küche« machte sich ein »völkischer« Stil breit. Die Gastronomie wurde zur »Visitenkarte des Volkes« hochstilisiert, wobei die schöpferische Leistung des Einzelnen hinter dem Nutzen der gastgewerblichen Arbeit für die »Volksgemeinschaft« zurückstehen mußte.

Es wurde bereits an anderer Stelle zitiert, wie Ludwig Metzler, Berlin, der 1933 als Vorsitzender des Genfer Verbandes fungierte, den Anschluß des IVdK an die DAF erlebte. Metzler selbst wurde in die DAF übernommen und mit der Neuordnung der Berufserziehung im Gaststättegewerbe betraut. In dieser Eigenschaft gründete er das Zentralberufsbildungsamt für das Deutsche Gaststättengewerbe. Für Banzer dagegen war in der »Reichsbetriebsgruppe Nahrung und Genuß«, an die der IVdK gekommen war, kein Platz mehr. Noch der Schlußsatz seiner Abschiedsrede »Es lebe die Kochkunst, es lebe der Beruf der Köche!« weist ihn als einen Mann aus, der den Gedanken vom wesenseigenen Tun des Kochs nicht aufgeben wollte und sich damit nicht in das neue System einfügen ließ.

Im Kochkunstmuseum, jener einzigartigen Bildungsstätte, die so großen Einfluß auf die Entwicklung der Tafelkultur nahm, verhielt man sich abwartend. Es kam trotz der veränderten politischen Situation zunächst nicht zu dramatischen Verdichtungen. Ziel war wenigstens die Erhaltung des Status quo, zum Beispiel durch die Katalogisierung der Bibliothek des Kochkunstmuseums (1937/38). Die Stagnation in der Entwicklung des Frankfurter Kochkunstmuseums aber leitete tatsächlich den Niedergang dieses hervorragenden Instituts ein, das infolge der Entwicklung bis 1945 nahezu in Vergessenheit geriet und trotz des Traditionsbewußtseins der Köcheschaft bis heute keine angemessene Nachfolge gefunden hat.

Als 1933 die neue Führung in das alte Verbandshaus in der Windmühlstraße eingezogen war, machte sich der neue Geist zunächst noch eher zögernd breit. Vehemente Veränderungen brachte erst die Gründung der »Gesellschaft zur Förderung der Kochkunst« am 23. Januar 1934 mit sich, deren Gründungsaufruf in der Zeitschrift »Die Küche«* so lautete:

»Aufruf! Am 23. Januar wurde mit Genehmigung des Organisationsamtes der Deutschen Arbeitsfront in Frankfurt a. M. die Gesellschaft zur Förderung der Kochkunst gegründet.

Ihre Aufgabe ist: die Förderung der Kochkunst, insbesondere in den Gaststätten und Großbetrieben; die Weiterführung der vom ehemaligen I.V.d.K. geschaffenen fachkulturellen Einrichtungen, besonders des Kochkunstmuseums und der Lehr- und Versuchsküche in Frankfurt a. M.; die Weiterführung der seit 1900 in Frankfurt a. M. veranstalteten, großen internationalen Kochkunst-Ausstellung in regelmäßigen Zeitabschnitten; die Belieferung der gastronomischen Zeitschriften mit den Berichten über die Forschungsergebnisse der Gesellschaft und des Kochkunstmuseums; die Belieferung der Fach- und Fortbildungsschulen mit mustergültigem Anschauungsmaterial usw.

Alle Mitglieder der Fachschaft Köche in der Deutschen Arbeitsfront, Reichsbetriebsgruppe I, Nahrung und Genuß, sind ohne weiteres auch Mitglied der genannten Gesellschaft. Darüber hinaus können Mitglieder werden: Hotel- und Gaststättenbesitzer, Gaststätten-Betriebsgesellschaften, leitende Gaststättenangestellte, wie Direktoren, Geschäftsführer,

---

* Diese Art von Bekanntgaben und Berichterstattung war nur temporär. Nach einiger Zeit waren wieder die bekannten hochinteressanten Aufsätze aus der Welt am Herd an der Tagesordnung.

Oberkellner usw., ferner Vereinigungen von Berufsköchen, alle übrigen an der Förderung der Kochkunst interessierten Personen und Vereinigungen, alle Berufsschulen, alle Großküchenbetriebe, wie Werksküchen, Verpflegungsanstalten, Krankenhäuser usw. an alle diese Kreise ergeht unser Aufruf, gegen Zahlung eines jährlichen Beitrags die fördernde Mitgliedschaft zu erwerben und an den Aufgaben und Zielen der Gesellschaft mitzuarbeiten. Anfragen und Anmeldungen sind zu richten an die »Gesellschaft zur Förderung der Kochkunst, Frankfurt a.M., Windmühlstraße (Kochkunst-Museum).

Hans Wolkersdörfer, MdR Reichsbetriebsgruppenleiter; Rudolf Wilke, Reichsfachschaftswart; M. C. Banzer, Kurator.«

Matthäus Carl Banzer trat hier nur noch als »Kurator« in Erscheinung. Es wird deutlich, daß er wie ein Fossil aus vergangenen Zeiten der Verbandsgeschichte langsam, aber stetig ins Abseits gedrängt wurde. Im Zug der Vereinheitlichung des öffentlichen Lebens zur Zeit des Nationalsozialismus war eine starke Persönlichkeit wie Banzer unbequem geworden.

Anläßlich der 6. IKA 1934, bei der Banzer letztmals mit der Organisation betraut war, war in »Die Küche« dann auch ein linientreues Resümee der Zeit seit der »Gleichschaltung« 1933 zu lesen, in dem Banzers Wirken hinter das des Reichsbetriebsgruppenleiters Hans Wolkersdörfer zurücktreten mußte:

»Als am 2. Mai 1933 durch die NSBO. die Übernahme der marxistischen Gewerkschaften und in weiterem Zuge dieser Maßnahmen auch die Übernahme und Gleichschaltung der nichtmarxistischen Berufsverbände erfolgte, wurde auch der ehemalige Internationale Verband der Köche hiervon betroffen. Es muß als ein glücklicher Umstand bezeichnet werden, daß in der Person des damaligen NSBO.-Beauftragten, Pg. Hans Wolkersdörfer, M. d. R., der die gesamten Gaststätten-Angestelltenverbände im früheren Verband der Nahrungsmittel- und Getränke-

▶

Das neubarocke Sandsteinportal mit rundem Schaugiebel war der Eingang zum Verbandsgebäude des Internationalen Verbandes der Köche und des Kochkunstmuseums in Frankfurt. Die eichene Tür ist großzügig, formschön und adäquat der Gesamtarchitektur angelegt. Sie wurde nach dem Zweiten Weltkrieg restauriert und blieb bis heute fast unverändert. Das Glasdekor über der eichenen Tür wurde nach dem Krieg im Stil der fünfziger Jahre nachempfunden.

Großes Hauptportal Windmühlstraße 1.

arbeiter miteinander verschmolz, die Geschicke der deutschen Köche den Händen einer Persönlichkeit anvertraut wurden, die das größte Verständnis für die bisher geleistete fachkulturelle Arbeit aufzubringen wußte. Allen aus den verschiedensten Lagern kommenden Kritiken zum Trotz, insbesondere wegen der angeblich so kleinen Zahl der hier in Frage kommenden Berufsgenossen, hat sich Pg. Wolkersdörfer nicht davon abbringen lassen, für die Köche eine besondere Reichsfachschaft aufzuziehen, weil er nur in einer solchen die hohen fachlichen Leistungen und Errungenschaften gesichert fortgeführt glaubte. Die größte Sorge Pg. Wolkersdörfers war zunächst die Erhaltung des in jahrzehntelanger Mühe und mit vorbildlichem fachlichen Interesse und Opfergeist zusammengetragenen Materials im Kochkunstmuseum in Frankfurt a. M. gewidmet. Es kam zur Gründung der Gesellschaft zur Förderung der Kochkunst, der sowohl die Betriebsführer als auch die Betriebsgefolgschaften angehören. Zu einer Zeit, als noch die Trennung zwischen Arbeitgeber und Arbeitnehmer in den Arbeitsfrontverbänden bestand, griff er auf diese Weise der späteren Entwicklung zu den Reichsbetriebsgemeinschaften voraus und sicherte hierdurch die weitere traditionelle fachkulturelle Zusammenarbeit zwischen Betriebsführer und Gefolgschaften im Bereiche der Kochkunst. — Auch bei der Deutschen Arbeitsfront wußte Pg. Wolkersdörfer das Verständnis für die durch die Köche im Auslande geleistete Arbeit als deutsche Kulturpioniere zu wecken. Es wurde ihm von dieser Stelle, insbesondere von dem Führer der DAF., Pg. Dr. Ley, ans Herz gelegt, ebenso wie bei den Kellnern und Mixern, auch bei den Köchen wertvolle internationale Beziehungen aufrechtzuerhalten und das internationale Verständnis für die Aufbauarbeit des neuen Deutschland auf diese Weise mitzufördern. Mit frischer Initiative griff Pg. Wolkersdörfer deshalb den von Herrn Banzer im Frühjahr angeregten Gedanken auf, durch eine Internationale Kochkunst-Ausstellung in Frankfurt a. M. dem Auslande einen Einblick in den hohen Stand der gastronomischen Kultur des Dritten Reiches zu geben, der nunmehr in der vom 6. bis 17. Oktober stattfindenden IKA sein Gesicht gefunden hat. — Im Vergleich zu den früheren Ausstellungen war die Durchführung der Organisation zu der jetzigen »Internationalen Kochkunstausstellung« ungleich schwieriger. Es mußte den veränderten wirtschaftlichen Verhältnissen Rechnung getragen werden, da bekanntlich das Gaststättengewerbe unter der Wirtschaftskrise mehr zu leiden hat, als

Die Reichskochschule mit Lehrküche war bei ihrer Gründung, anläßlich des 25jährigen Bestehens des IVDK im Jahre 1921, in den Souterrainräumen des Verbandshauses in der Windmühlstraße 1 untergebracht. Erst im Jahr 1938 zog dieser berufsbildende Teil des Unternehmens in die prächtige Villa Sommerhoff. Die Abbildung zeigt die Lehrküche der Reichskochschule in ihrem neuen Domizil in der Gutleutstraße 318. Auf der Abbildung rechts am runden Herd Walter Bickel, der damalige Leiter der Reichskochschule.

viele andere Gewerbe. Trotz alledem ist es gelungen, sämtliche Stände bis auf den letzten Quadratmeter zu besetzen. Schon hierin drückt sich das große Interesse aus, das man dieser Schau in allen Kreisen entgegenbringt, und der Erfolg dürfte dadurch gesichert sein.«

Die Erprobung neuer Werte auf dem Gebiet von Kochkunst und Tafelwesen im Sinne des Nationalsozialismus behinderte nicht die Forschungstätigkeit der fachkulturellen Einrichtungen des ehemaligen IVdK. Die neuen Machthaber hatten schnell erkannt, daß das Schaffen jener Institutionen auch dem neuen Staat nutzen und zum Ruhm gereichen konnte. Deshalb konnte die Forschungstätigkeit wiederbelebt und fortgesetzt werden, wenn auch unter anderen ideologischen Vorzeichen, wie sie nun von offizieller Seite vorgeschrieben wurden.

Vor allem nutzten die Nationalsozialisten die Lehrküche. Aus ihr ging die »Reichskochschule« hervor, über deren Entwicklung Ludwig Metzler 1986 berichtet:

»Da ohne die Verbandsgeschäfte das Kochk. Mus. vollkommen unrentabel war, wurde es mir, als Leiter des ZBBA*, unterstellt.

In Vorbereitung der Olympiade 1936 wurde 1934 in Wernigerode/H. die Reichssprachenschule für das Deutsche Gaststättengewerbe und 1935, wo ich am 2. Mai dem Deutschen Gaststättengewerbe den Dreiklang Meister, Geselle und Lehrling verkündete, die Reichskochschule eröffnet. Hier lag die Organisation in den Händen der Herren Küchendirektoren Gustav Bauer, Eden Hotel und Gustav Leitz, Kempinski Betriebe, beide in Berlin.

Zum Leiter der Reichskochschule wurde Herr Jean Hardt, benannt. Der politische Leiter für beide Schulen war ein Herr Sabaschinski. Als der fachliche Leiter der Schule war Herr Hardt infolge seiner politischen Einstellung nicht geeignet. Da ich mit Herrn Hardt aber sehr befreundet war, konnte ich seine Entlassung noch solange hinzögern, bis er sich in Wiesbaden eine Kaffeevertretung aufbauen konnte.

Als Nachfolger wurde von den Herren Bauer und Leitz Herr Walter Bickel berufen, der der Reichskochschule ein wirklich fachliches Gepräge gab.«

Die Reichskochschule, die sich zunächst in der Lehrküche in der Windmühlstraße befand, zog 1938 in die Villa Sommerhoff und mußte 1942 infolge eines Bombenschadens des Gebäudes geschlossen werden.

Daß das Kochkunstmuseum in Frankfurt am Main verblieb, war zunächst nicht selbstverständlich. Erst durch die Etablierung der Gesellschaft zur Förderung der Kochkunst, deren »Führerrat« allerdings seinen Sitz im Reichsbetriebsgruppengebäude in Berlin hatte, genehmigte die Organisationsabteilung der DAF die Weiterführung des Kochkunstmuseums am angestammten Platz. Die Frankfurter Nachrichten vom 29. Januar 1934 berichten darüber:

Das Kochkunstmuseum bleibt Frankfurt erhalten. / Eine Gesellschaft zur Förderung der Kochkunst. Im Oktober wieder eine Internationale Kochkunstausstellung.

* Zentralberufsbildungsamt für das Deutsche Gaststättengewerbe

Durch die Eingliederung des Internationalen Verbandes der Köche, der seit 38 Jahren in Frankfurt seinen Sitz hatte, in den Deutschen Arbeiterverband des Nahrungsmittelgewerbes, und seine dadurch bedingte Überführung nach Berlin, war auch die Frage der Verlegung des Kochkunstmuseums in den Bereich der Möglichkeit gerückt. Dies wäre für unsere Stadt ein fühlbarer Verlust gewesen, weil es sich bei dem Museum um eine nicht nur eigenartige, sondern auch einzigartige Sehenswürdigkeit handelt, die den Fremdenverkehr günstig beeinflußt. Die Gefahr der Zerlegung ist nun beseitigt, nachdem die Organisationsabteilung der Deutschen Arbeitsfront auf Antrag des Leiters des Deutschen Arbeiterverbandes des Nahrungsmittelgewerbes, Pg. Wolkersdörfer, die Gründung einer »Gesellschaft zur Förderung der Kochkunst in Frankfurt a. M.« gestattete, der die Weiterführung des Kochkunstmuseums und der vom Internationalen Verband der Köche betriebenen kulinarischen Forschungsarbeit übertragen werden soll. Die Gründung der Gesellschaft wurde am 23. Januar von Pg. Wolkersdörfer in Gegenwart des Gesamtvorstandes des ehemaligen Internationalen Verbandes der Köche und der Bezirksfachschaftswarte der Köche aus dem ganzen Reich vorgenommen. Zum Kurator der Gesellschaft ernannte er den Gründer des Kochkunstmuseums, Verbandsdirektor M.C. Banzer.

Das Kochkunstmuseum konnte in diesen Tagen auf sein 25jähriges Bestehen zurückblicken. Es wird in Bälde die seit einigen Jahren ruhende Forschungsarbeit durch seine Lehr- und Experimentierküche wieder aufnehmen, die heute wichtiger als je ist. Durch das Eintreten der Arbeitsfront für das Institut stehen diesem größere Mittel wie seither zur Durchführung seiner Aufgaben zur Verfügung, so daß es dem aus hervorragenden Küchenfachleuten bestehenden Kuratorium wohl möglich sein wird, eine der Allgemeinheit nutzenbringende Tätigkeit auf dem Gebiete der kulinarischen Forschungsarbeit zu entfalten. Die Gesellschaft soll aber auch die Zentralstelle für das kulinarische Lehrmittelwesen werden, indem sie den Fortbildungsschulen mustergültiges Unterrichtsmaterial zur Verfügung stellen und auch die Fachausstellungen mit fachlich interessanten Gruppen unterstützen wird.

Durch die Gründung dieser Gesellschaft sind aber auch die in Frankfurt seit 1900 periodisch im Abstand von 5 bis 6 Jahren stattfindenden Internationalen Kochkunstausstellungen für die Zukunft in ihrer seitherigen fachlichen Bedeutung und Größe gesichert. Die nächste Ausstellung soll bereits im Oktober 1934 stattfinden und zwar wie die früheren Ausstellungen wieder in der Festhalle und dem Haus der Moden. Als Veranstalter zeichnen diesmal die Fachschaft Köche im Deutschen Arbeiterverband des Nahrungsmittelgewerbes, die Gesellschaft zur Förderung der Kochkunst, der Verein Frankfurter Hotels und verwandter Betriebe und der Gastwirteverein Frankfurt a. M. und Umgebung (Innung). Da die früheren Kochkunstausstellungen, besonders die beiden letzten in den Jahren 1925 und 1929, jeweils eine starke Belebung des Fremdenverkehrs im Gefolge hatten, wird diese Nachricht von der am Fremdenverkehr interessierten Geschäftswelt mit besonderer Freude aufgenommen werden.

Die organisatorische Leitung der Kochkunst-Ausstellung liegt wieder in den Händen des Verbandsdirektors M.C. Banzer, der auch die früheren fünf »Ikas« von 1900 ab leitete. Dieser ist fest davon überzeugt, daß die steigende Linie, auf der sich seither die Kochkunstausstellungen in Frankfurt bewegten, ihren Kurs künftig noch verbessern dürfte, da die Mitarbeit der dem gastronomischen Gewerbe nahestehenden oder an ihm interessierten Geschäftszweige diesmal in einem ungleich größeren Maße erreicht werden dürfte, wie dies früher der Fall war.«

Im selben Jahr konnte das Frankfurter Kochkunstmuseum also sein 25jähriges Jubiläum feiern. Der Bericht in der Fachzeitschrift »Die Küche« zeigt, daß der Schöpfergeist Banzers hier durchaus noch spürbar war:

»Am 19. Januar sind 25 Jahre vergangen, seit der frühere Internationale Verband der Köche in den Parterreräumen seines Verbandshauses das Kochkunstmuseum eröffnete. Damit ist für die gesamte Gaststättenindustrie und im besonderen für die Köche eine Bildungsstätte, die noch heute einzig und allein in Deutschland, ja man kann sagen, in der ganzen Welt besteht, ins Leben gerufen worden. Wenn man bedenkt, daß dieses Unternehmen ohne jeglichen finanziellen Zuschuß oder laufende Unterstützung seitens staatlicher oder städtischer Behörden gegründet werden konnte, muß man den Idealismus der Verbandsmitglieder und die Ausdauer des Leiters, Direktor M.C. Banzer, besonders hervorheben.

Der erste Eindruck, den der Laie und der dem Beruf Nahestehende beim Betreten des Museums empfängt, ist wohl der: Wie ist diese Kulturstätte zustande gekommen? Der Plan hierzu reifte langsam, als die Köche aus dem In- und Auslande sehr wertvolle historische und andere Menüs als Zeugen des Hochstandes der deutschen Köche und der Kochkunst überhaupt einsandten. Als die Zahl sehr bald in die Hunderte ging, war man entschlossen, die für die Fachwelt hochinteressanten Kulturdokumente und -gegenstände zu sammeln, um sie später zu gruppieren und bei passender Gelegenheit, wie dies zum Beispiel bei Kochkunstausstellungen der Fall ist, der Fachwelt und der breiten Öffentlichkeit vorzuführen.

Die Verbandsleitung ging dann dazu über, von Meisterhand gefertigte Schauplatten bildlich oder in Form von Modellen festzuhalten und der Fachwelt sowie auch anderen Interessenten vorzuführen und Anregungen zu neuem Schaffen zu geben. Und so wurde das Kochkunstmuseum eine Stätte, in der die Entwicklungen der Gastronomie von einst und jetzt festgehalten sind.

Auch heute, nach 25 Jahren, steht das Museum noch unter der Leitung Direktor Banzers, der es sich angelegen sein läßt, das Institut mehr und mehr auszubauen und stets auf der Höhe zu halten.

Die Gliederung bzw. Einteilung des Kochkunstmuseums ist gegenwärtig ungefähr folgende:

1. eine Schausammlung von angerichteten Platten (Bilder aus der Epoche der Meister Carême, Dubois, Bernard, Gouffé);
2. Rohstoffe, die in der Küche zur Verwendung gelangen, wie Fische, Schal- und Krustentiere, Schlachtfleisch, Wild- und Hausgeflügel in Modellen und Werdegängen;
3. Modelle angerichteter, zum Servieren fertiger Platten moderner Richtung;
4. Sockel und Modelle von Prunkstücken (alte Anrichteweise);
5. Grundbestandteile der Suppen und Saucen (Fonds);
6. Modelle der in der Küche zur Verarbeitung gelangenden Pilze und exotischen Früchte;
7. Menüsammlung sowie die Meister der Küchenliteratur im Bild;
8. Küchentechnik.

Außer dem Angeführten birgt das Kochkunstmuseum noch viele Dinge, so u.a. eine Sammlung von Modellen der im Orient, China und Java benötigten Küchengeräte, die teilweise von unseren zur See fahrenden Mitgliedern zusammengetragen worden sind und uns an Hand von Photographien zeigen, wie und wozu die angeführten Gegenstände in den dortigen Gegenden Verwendung finden. Welche Fundgrube des Wissens dieses Museum somit für den Koch werden kann und in unendlich vielen Fällen geworden ist, kann nur derjenige beurteilen, der die einzelnen Abteilungen mit Muße durchstudiert hat; und wem sich dazu Gelegenheit bietet, dem ist zu raten, es nicht zu unterlassen.«

Zum 1. Dezember desselben Jahres erfolgte bereits ein Wechsel in der Führung der Gesellschaft zur Förderung der Kochkunst: An die Stelle Hans Wolkersdörfers wurde nun der Leiter der »Reichsbetriebsgemeinschaft Handel« Lehmann Vorsitzender des »Führerrats«. Kurz darauf trat Banzer aus der Gesellschaft aus und wurde am 8. Januar 1935 ehrenvoll verabschiedet, obwohl ihn sicher gerade die durch die nationalsozialistische Führung verordneten Einschränkungen in bezug auf seine Person in die Resignation getrieben und zu diesem Schritt veranlaßt hatten.

Im großen und ganzen brachte die neue Organisation keine durchgreifenden Änderungen in der Konzeption der fachkulturellen Einrichtungen des ehemaligen IVdK. So konnte sich auch die von der NSDAP gewünschte Eindeutschung bewährter Fachausdrücke nicht durchsetzen, denn Wortschöpfungen wie »Eier-Öl-Schaumtunke« für Mayonnaise oder »Butter-Eier-Schaumtunke« für Sauce Hollandaise waren einfach zu unhandlich und belustigten eher den international orientierten Koch. Auch das Stellenvermittlungsbüro wurde nach 1933 beibehalten.

Andererseits wurde infolge der Entwicklung im Jahr 1933 ein Schlußstrich unter die Geschichte des Internationalen Verbandes der Köche gezogen, der in seiner ursprünglichen Gestalt auch nach 1945 nicht wiedererstand. Bei Neugründung des Verbandes der Köche, wobei auch die Besatzungsmacht ein Wörtchen mitzureden hatte, mußte auf die ehemalige internationale Prägung verzichtet werden. Es konnte sich daher ab 1948 lediglich ein »Verband der Köche Deutschlands« etablieren.

Doch zurück zum Frankfurter Kochkunstmuseum in den Dreißiger Jahren. Im Jahre 1937 wurde der international gebildete und berühmte Küchenchef und Fachbuchautor Walter Bickel (1888-1982) zum Kustos des Kochkunstmuseums und zum Direktor der Reichskochschule bestellt. Bickel, der sich einen Namen als herausragender Fachschriftsteller erwarb, war ein würdiger Nachfolger Banzers. Die Bewahrung und Betreuung der Schätze des Kochkunstmuseums lag ihm wahrlich am Herzen. Ihm ist es vor allem zu verdanken, daß die berühmte Bibliothek des Museums ihre Linie fand. Leider schied Bickel schon 1938 wieder aus

Die Abbildung zeigt die im Krieg zerstörte und nicht wieder aufgebaute Villa Sommerhoff. Das prächtige Gebäude stammt aus dem Beginn des 19. Jahrhunderts. An dieser Stelle steht heute das Altenheim der Johanna-Kirchner-Stiftung, Gutleutstraße 318.

den Frankfurter Diensten und wurde stellvertretender Küchendirektor der Betriebsgemeinschaft Aschinger AG/Kempinski Weinhaus GmbH, des damals größten gastronomischen Konzerns in Europa.

Die 1921 in den Souterrainräumen des Verbandshauses der Windmühlstraße eingerichtete Lehrküche, die neue Reichskoch- und Sprachenschule, zog im Jahre 1938, noch unter Bickels Leitung, in die Villa Sommerhoff in der Gutleutstraße 318 (heute Altenheim der Johanna-Kirchner-Stiftung). Erst dieser Umzug in die neuen Räumlichkeiten ermöglichte es, die lange erwünschten Verbesserungen des Lehrbetriebs zu erreichen. Vor allem die Lehreinrichtung konnte unter der qualifizierten Aufsicht Walter Bickels erheblich modernisiert und erweitert werden. Neben einer nach neuesten küchentechnischen Erkenntnissen ausgestatteten »Warmen Küche« gab es nun eine »Kalte Küche« mit der entsprechenden kühltechnischen Ausrüstung, sowie eine Patisserie mit der Möglichkeit der Speiseeisherstellung. Alle Räume, auch der große Speisesaal, das beachtliche Auditorium und der Besprechungsraum für den Lehrkörper, entsprachen damals in der Ausstattung völlig den Anforderungen an eine moderne Ausbildungsstätte.

Nach Bickels Weggang wurden zwar die Reichskochschule wie auch das Kochkunstmuseum weiterhin fachgerecht verwaltet, doch fehlte fortan eine starke Persönlichkeit an der Spitze jener Institutionen. Es gingen keine bedeutenden Impulse mehr von Kochkunstmuseum und Reichskochschule aus, die sich nunmehr nur noch um eine Bewahrung des bereits Errungenen bemühten, zumal der Zweite Weltkrieg seine Schatten auch auf ihre Tätigkeit warf.

Walter Bickel erinnert sich an den Untergang der beiden bedeutenden Institute: »In den Bombennächten des Krieges fiel auch die Reichskoch- und Sprachenschule in Trümmern. Bis auf unbedeutende Reste gingen unersetzliche Werte verloren, und die Aufbauarbeit einer ganzen Generation wurde zunichte gemacht. Der Verlust der Gebäude mit ihren technischen Einrichtungen war schmerzhaft genug, aber viel schwerwiegender war die Vernichtung des Kochkunstmuseums mit seinem Bestand an kulturwissenschaftlichen Gegenständen und der überaus wertvollen Bücherei.

Diese Bücherei umfaßte zur Zeit meiner Tätigkeit in den Jahren 1937/38 mehr als 3500 Titel, dabei waren Zeitschriften, Zeitungen und Broschüren nicht mit einbegriffen. Sie galt als eine der geschlossensten Sammlungen von gastronomischen Werken in der Welt. Außer den eigentlichen Kochbüchern waren Werke über Gastronomie, Gastrophosie, Ernährungswissenschaft, Diätetik, Betriebslehre, Lebensmittelchemie, Weinkunde, Lexika u. a. m. in reichem Maße vertreten. Unter den annähernd 1500 Werken in fremden Sprachen waren ungefähr 700 englische Bücher vorhanden, die aus einer Spende des verstorbenen amerikanischen Kollegen Adolphe Meyer stammten, darunter viele unschätzbare Erstausgaben.

Welch einen ungeheuren Wert diese Bücherei hatte, war aus dem Vorhandensein eines runden Dutzend von Wiegendrucken, vielen Werken aus dem 16. bis 18. Jahrhundert und sämtlichen Erstausgaben der Klassiker der Kochkunst und der großen Gastronomen des 18. und 19. Jahrhunderts zu ersehen. Rechnet man zu diesen Schätzen noch die zahlreichen alten Dokumente, die Handschriften und Briefe bedeutender Persönlichkeiten wie Carême, Bernard, Dubois, Escoffier usw., so kann man sich einen Begriff von der wissenschaftlichen Bedeutung dieser Sammlung machen.«

Daß Bickel in besonderem Maße den Verlust der Bibliothek im Kochkunstmuseum beklagt, ist nicht verwunderlich, denn er war es, der diese auf Betreiben Banzers angelegt und durch zahlreiche Schenkungen bedeutend vermehrte Sammlung 1937/38 gesichtet, geordnet und katalogisiert hatte. Er hatte damit die organisatorische Grundlage zum Aufbau einer umfassenden Forschungsbibliothek geschaffen.

Um die Mitte des Krieges lagerte die Bibliothek noch in einem Sonderraum der ehemaligen Lehrküche in der Windmühlstraße. Nur die Teile der Sammlung, die weiterhin für den Unterricht gebraucht wurden, waren 1938 beim Umzug der Reichskochschule in die Villa Sommerhoff mitgenommen worden. Im Jahr 1944 beschlagnahmte die Wehrmacht die gesamte Bibliothek. Ein Teil der Bücher wurde in das Kochwissenschaftliche Institut in der Forsthausstraße überführt. Teilweise wurde der Bestand auch in den Keller der Schule für Gemeinschaftsverpflegung ausgelagert. Schließlich wurden Teile der Bibliothek wieder freigegeben und an eine Lagerstätte in der Bürgerstraße, über die bis heute nichts Genaueres bekannt ist, gebracht. Unmittelbar nach der Einlagerung der Bücherei dort wurde die Sammlung bei einem Bombenangriff, bei dem die Lagerstätte teilbeschädigt wurde, stark demoliert. Herr Dr. B., vermutlich ein städtischer Bibliotheksbeamter, der bisher nicht ermittelt werden konnte, verzeichnete die noch vorhandenen Bücher neu, doch wurde diese Arbeit durch erneute Fliegerangriffe zunichte gemacht. Jetzt zogen die Reste des Bestandes in die Stadtbibliothek um, wo die Bücher durch Wassereinwirkung infolge von Bombenangriffen teilweise zerstört oder zumindest stark beschädigt wurden. In den Jahren 1944/45 wurden Berufsschüler und Hitlerjungen zum Trocknen der erhaltenen Buchbestände herangezogen. Dann wurden die Bücher in Kisten verpackt und an einen angeblich »sicheren Ort« an der Bergstraße verfrachtet. Ihre Spur verlor sich danach völlig. Auch auf dem Sammlermarkt tauchte bis heute kein einziges Buch aus dem Besitz des ehemaligen Kochkunstmuseums auf.

*M. C. Banzer an seinem 75. Geburtstag anläßlich eines Empfangs ihm zu Ehren im Hotel
Frankfurter Hof. Banzer über seinen Geburtstagsempfang: »Auf eine kleine Feier war ich
ja gefaßt, aber was sie mir da bereitet haben, übertrifft meine kühnsten Erwartungen.«
Dr. Krebs, Oberbürgermeister der Stadt Frankfurt am Main und Preußischer Staatsrat,
würdigte das Lebenswerk Banzers in anerkennenden Worten und bat den Jubilar nach
den Feierlichkeiten, sich in das Goldene Buch der Stadt Frankfurt am Main einzutragen.
(Foto aus Privatbesitz).*

Das Frankfurter Kochkunstmuseum selbst hatte 1942 anläßlich des
75. Geburtstags seines Gründers Matthäus Carl Banzer Gelegenheit, die
Erinnerungen an glanzvolle Zeiten von Kochkunst und Tafelwesen und
den Anteil des Instituts an der Entwicklung der Gastronomie noch einmal aufleben lassen können. Über die Ehrungen, die Banzer zuteil wurden, berichtete die Lokalpresse in großem Stil.

Schon bald darauf war das Ende des einst so großartigen Frankfurter
Kochkunstmuseums gekommen. Bei einem Bombenangriff — vermutlich in den späten Abendstunden des 12. September 1944 — brannte der
Dachstuhl des Hauses in der Windmühlstraße, von Brandbomben getroffen, völlig aus. Ein Zeitzeuge, der zu jener Zeit im Nachbarhaus zur Luft-

schutzwache eingeteilt war, berichtete allerdings, daß das Kochkunstmuseum im Jahr 1944 — zumal nach den schweren Märzangriffen des
Jahres — bereits größtenteils leerstand und nur noch wenige schwer
bewegliche Exponate an ihrem alten Platz zu finden waren. Durch das
Haus, dessen Fenster durch die Druckwellen bei den Bombenabwürfen
lange in Scherben gegangen waren, fegten nun nur noch Wind und
Rauch.

Über den Untergang der bedeutenden Exponate des Frankfurter
Kochkunstmuseums schreibt der langjährige Küchenmeister der Lehrküche Bruno Wörnle am 12. Januar 1953 in der »Zeitung der Köche«:

»Noch im Jahre 1944 war es möglich, durch einen Türspalt in die voll-
gepfropfte Garage des der Reichskochschule angegliederten Sondergar-
tengeländes einen Einblick auf die herrlichen Gegenstände des ehemaligen Kochkunstmuseums zu werfen.

In der Mitte stand noch der schöne Sondertisch mit der prächtigen
Masthuhnpyramide in klassischem Stil von Kollege Scheidegger auf
gesondert gearbeitetem Achtecktisch, mit einer großen Glaskuppel darüber, goldgestickter Decke mit den Initialen des I.V.d.K..

Dicht gedrängt auf Wandbrettern und in Schränken standen die vielen
Platten mit täuschend nachgeahmten Gerichten aus haltbarem Material,
mehrere Epochen der Geschichte der Kochkunst darstellend. Wie präch-
tig machten sich dieselben in den wunderbaren Glasschränken des
Museums, und wieviele mühsame Stunden und eigenes Geld haben die
Kollegen zur Herstellung der Gerichte verwendet! Allein aus dem Hotel
»Atlantik«, Hamburg, waren ein Dutzend Platten vorhanden, außerdem
eine Riesensammlung von Auslands- und Inlandsfischen, Krebsen, Kru-
sten- und Schaltieren, darunter mehrere Arten Schildkröten in wahren
Prachtexemplaren, von Kollegen aus aller Welt zusammengetragen.

Von der Sektion New York war eine Sammlung ausgestopfter ameri-
kanischer Wildgeflügelarten vertreten, und vom Frankfurter Lokalverein
ebenfalls lebensstreu die verschiedenen französischen Mastgeflügelarten.
Der Nürnberger Zweigverein hatte eine naturgetreue Gruppe der
bekanntesten Pilze gestiftet.

Sodann war der Werdegang der meisten Nahrungsmittel bis zum
Küchengebrauch teils in natura, teils in Bildern oder plastisch dargestellt.
Ich erinnere mich noch an ein Bündel echtes Zuckerrohr, welches noch
grüne Zweige und Blätter trieb, nachdem es schon mehrere Jahre im Glas-

schrank stand. Kollege Friebel ließ späterhin noch Gipsabgüsse von Kalbsköpfen und anderem Zubehör naturgetreu färben, um so den Werdegang verschiedener Warmgerichte und von Suppen und Fonds darzustellen. Eine mit vieler Mühe und Liebe hergestellte Arbeit!

Eine prächtige Tafelkartensammlung war teils an den Wänden übersichtlich geordnet, teils in großen Alben aufgelegt. Da war z.B. ein Riesenalbum mit feinem Ledereinband vom Norddeutschen Lloyd, das aber nicht in die Garage, sondern in den Keller der Reichskochschule kam. Es ist auf mysteriöse Weise am ersten Tag nach der Besetzung verschwunden. Ob es in Deutschland geblieben oder im Ausland gelandet ist, kann ich nicht sagen. Es wog mindestens einen Zentner.

Die Tafelkartensammlung soll bereits im ersten Jahr über fünftausend Stück Originale, die wertvolle Büchersammlung in der Bibliothek über 900 wertvolle Bände gezählt haben. Nach Angabe von Direktor Banzer kamen noch viele andere Kostbarkeiten dazu, so die große Büchersammlung von Adolphe Meyer, New York, welche er dem Verband vermachte.

Außerdem war eine wertvolle Sammlung von altrömischen, chinesischen, türkischen und anderen Geschirren und Geräten zu sehen sowie ein schönes Modell vom Ostender Austernpark, ebenso Modelle von asiatischen Küchen, schließlich sogar Herdmodelle und eine Ausstellung von allen Arten Brennmaterial, Pläne von Musterküchen und noch vieles andere mehr.

Alles in allem eine überaus lehrreiche Schau für alte und junge Fachleute und andere Interessenten; es waren unersetzliche Werte dabei. Unser unvergeßlicher erster Direktor Banzer opferte viele Stunden seiner Erholungszeit dem sinnvollen Einordnen der Museumsgegenstände.

Unter vielen Besuchern war einmal auch ein Mitglied einer chinesischen Gesandtschaft zur Besichtigung gekommen. Er belehrte uns lachend, daß einige chinesische Speisefolgen an den Wänden auf dem Kopf stünden. Sie waren von einem Kollegen aus dem »Reich der Mitte« geschickt worden. Aber keiner von uns konnte chinesisch. — Nun, es hatte bis dato noch niemand gemerkt. Und sie waren schnell umgehängt.

Alle diese Kostbarkeiten wurden nun, in Ermangelung eines besseren Platzes, in der Garage aufgehängt und gerettet, bis in der Nacht nach dem Bombenangriff auf das Hauptgebäude der Reichskochschule auch die Garage, anscheinend durch einen Reihenwurf von Brandbomben, vollständig zerstört wurde. Der Angriff galt wahrscheinlich dem nahegelegenen Elektrizitätswerk der Stadt. Am nächsten Tag grub ich noch eine kleine Vase mit eingebrannter Speisenfolge, welche von der Hochzeit eines Porzellanfabrikanten stammte, aus der Asche. Sie gehörte auch zu der Menü-Sammlung, war nur wenig angeschwefelt, und ich gedachte sie nach der Reinigung als letztes Andenken der ganzen Herrlichkeit des Kochkunstmuseums am nächsten Tag zu Direktor Banzer nach Langen zu bringen. Beim Herunternehmen von meinem Bücherschrank für meinen Besuch nach dort zerfiel sie in Scherben. Die Nacht war ein schwerer Angriff auf die Stadt gewesen, mehrere starke Einschläge in der Nähe drückten auch unsere Fenster und Türen ein und machten das letzte hübsche Andenken zu Staub und Asche.«

Leider blieb auch aus Banzers persönlichem Besitz, wozu einige für die Geschichte der Kochkunst und Tafelwesen bedeutende Stücke gehörten, wenig erhalten, zumal bei Kriegsende sich amerikanische Truppen bei ihrem Einmarsch in Langen, wo Banzer nach seinem Eintritt in den Ruhestand lebte, an dessen Eigentum vergriffen. Kurz nach Kriegsende, am 19. September 1945, verstarb Matthäus Carl Banzer und wurde in Langen beigesetzt.

Wie ein Gespräch des Verfassers mit der Familie Poths in Neu-Isenburg, den letzten Nachfahren des kinderlos gebliebenen Banzer, ergab (1987), wurden nach dem Tod der Witwe Banzers (1953) die Einrichtungsgegenstände des Langener Hauses an eine andere Verwandte vererbt und nach deren Tod im Jahre 1978 zumeist an Studenten verschenkt. Lediglich der Schreibtisch Banzers, der mit einem Hinweis versehen war, daß er durch den IVdK gestiftet worden sei, sollte dem Stifter zurückgegeben werden. Die Übergabe scheiterte seitens des Verbandes der Köche aus Platzgründen, so daß der Schreibtisch heute auch verloren ist. Die Familie Poths übernahm 1978 einige Erinnerungsstücke und Bücher aus Banzers Besitz, darunter das Familienstammbuch, ein Tagebuch einer Schweizer Reise im Jahre 1929 und einige Fotos, sowie Banzers zerfledderte lederne Schreibmappe mit der nur noch schwach erkennbaren Jahreszahl 1896 und sein Werk »Küchen-Lexikon der Fische, Krebse und Muscheln« mit zahlreichen Korrekturen von seiner Hand.

Im Jahr 1948 war es dem Verband der Köche Deutschlands als Nachfolgeorganisation des IVdK eine Ehrenpflicht, seinem verdienten Direktor Matthäus Carl Banzer, der nahezu 40 Jahre lang die Verbandsgeschäfte in der Frankfurter Windmühlstraße geführt hatte, einen Gedenkstein auf sein Langener Grab zu setzen. Doch wurde die Grabstätte Banzers im Jahr 1981 aufgelöst und der Gedenkstein abgeräumt. So ist das letzte Zeugnis, das die Öffentlichkeit an die ungeheure Wirksamkeit Banzers erinnerte, verschwunden.

Das Schicksal des ehemaligen Frankfurter Verbandshauses und Kochkunstmuseums nach 1945

Der ehemalige Internationale Verband der Köche, der bei Ende des Zweiten Weltkriegs vollends vor dem Nichts zu stehen schien, arbeitete nach 1945 dennoch unermüdlich auf die Neugründung eines Berufsverbands für die Köcheschaft hin, wie sie dann im Jahre 1948 unter dem Namen »Verband der Köche Deutschlands« (VKD) in Frankfurt am Main erfolgte. Das alte Verbandshaus in der Windmühlstraße, auf das der Verband erst nach seiner formellen Wiederbegründung einen Rechtsanspruch erheben konnte, war gleich nach dem Krieg an den Hotelier Anton Krätz verpachtet worden und mußte demzufolge bereits 1949 aufgegeben werden. Der entsprechende Beschluß wurde auf der 1. Mitgliederversammlung des VKD (9. bis 11. März 1949) gefaßt:

»Um das Verbandshaus
Der Geschäftsführer legte an Hand der Akten die Rechtslage dar und begründete die Notwendigkeit, das den Verbandszwecken entfremdete Haus zu veräußern, damit ein anderes Objekt beschafft werden kann, um die dringend erforderliche Ausbildung des Berufsnachwuchses in die Wege zu leiten. Der anwesende Pächter des Hauses der Kochkunst, Kollege Krätz, gab einen Überblick über die bauliche Ausgestaltung des Hauses und die inzwischen entstandenen Kosten und beantragte die Genehmigung zur Eintragung einer Hypothek. Die Mitgliederversammlung erteilte dem Vorstand für die zu ergreifenden Maßnahmen Vollmacht und lehnte die Eintragung einer Hypothek ab. Zunächst muß geklärt werden, inwieweit die in RM entstandenen Baukosten auf DM umzustellen sind.«

Der Verband der Köche Deutschlands konnte stattdessen 1951 ein neues Verbandsgebäude in der Steinlestraße 32, unweit der Friedensbrücke, beziehen.

Es soll hier jedoch noch einmal auf die Gründung und die Tätigkeit des VKD in den ersten Nachkriegsjahren zurückgeblickt werden. Carl

Friebel schreibt in dem wiederbelebten Fachorgan »Die Küche« anläßlich des bevorstehenden Umzugs in die Steinlestraße:

»Im Jahre 1933 wurde der Verband in die DAF eingegliedert und enteignet, wodurch mit einem Schlage alle internationalen Beziehungen völlig verloren gingen. Das frühere Verbandshaus in der Windmühlstraße Nr. 1 wurde durch Kriegseinwirkung teilweise zerstört, und so standen die Mitglieder plötzlich vor dem Nichts! Diese Erkenntnis gab den Frankfurter Kollegen keine Ruhe. Schon 1945 bis 1948 wurde in der Heimatstadt des Verbandes in der Stille an der Neugründung des Verbandes gearbeitet. Erich Kurz, der rührige 1. Vorsitzende, besorgte die Geschäftsführung im eigenen Heim. 1948 erfolgte die Neugründung des Verbandsbüros beim Kollegen Eugen Lacroix, in dessen Konservenfabrik, und so entstand unter seiner Mitwirkung die erste Verbandsleitung. Die ersten Handlungen des Verbandes wurden vom Vorsitzenden Erich Kurz und Eugen Lacroix unter Mithilfe unseres Geschäftsführers Dr. Kolb und der Kollegen Wörnle, Höppner, Friedrich, Hardt, Dippmann, Benthaus, Köderitzsch, Diesch und Sorgenfrei vollzogen. Durch die Vermittlung des Kollegen Eugen Lacroix bekam der Verband wieder internationale Verbindung mit den Kollegen in Chicago, USA, insbesondere mit den Kollegen Alfred Fries, Burkard, Rahmig, Schaar, Peters, Lüdeke, u.a., die dazu beitrugen, die früheren Beziehungen herzustellen. Durch den persönlichen Einsatz der Kollegen in USA gelang es ihnen, in ihrer Eigenschaft als Mitglieder des Internationalen Verbandes der Köche durchzusetzen, daß der Verband der Köche einen Teil des früheren Verbandsvermögens wieder zurückerhielt. Das frühere Verbandshaus ist nach dem Kriege anderen Bestimmungen zugeteilt und neu aufgebaut worden. Erst nach der Neugründung des Verbandes konnten Rechtsansprüche geltend gemacht werden.

Das neue Verbandshaus in Frankfurt a. M., Steinlestraße 32, steht kurz vor der Vollendung! Mit dem Einzug können auch alle früheren Aufgaben nach und nach erfüllt werden. Wenn wir heute auf die stattliche Zahl von nahezu 3000 Mitgliedern schauen und feststellen können, daß die vor drei Jahren gehegten Hoffnungen weit übertroffen wurden, dann wollen wir der Männer gedenken, die dies vollbracht haben. Voran der alte Verbandspionier, das langjährige Vorstandsmitglied des ehemaligen IVdK und der jetzige 1. Vorsitzende des Verbandes der Köche, Erich Kurz, mit seinem getreuen Helfer Eugen Lacroix, der durch seine weit-

Kranzniederlegung durch den Verband der Köche Deutschlands e.V. am Grabe von
M. C. Banzer.
Von links nach rechts: Herr Lassner, Frau Banzer, Herr Lacroix, Studienrat Benthaus.

tragenden Verbindungen alle die vielen Schwierigkeiten aus dem Weg räumte. Sein Berufsidealismus und sein kaufmännischer Weitblick schufen die Grundlagen für den neuen Verband. Auch die Koch-Verbände des Auslandes haben dies erkannt und beglückwünschten unseren Verband zu diesem selbstlosen Förderer.«

Den Wiederaufbau des alten Verbandshauses in der Windmühlstraße hatte zunächst als Pächter, seit 1949 als Eigentümer, der Küchenmeister und Hotelier Anton Krätz übernommen. In relativ kurzer Zeit ermöglichte er durch zum Teil erhebliche Umbauarbeiten die Eröffnung des Hotels »Haus der Kochkunst« in der Windmühlstraße 1. Solch ein schneller Wiederaufbau kam dem öffentlichen Leben in der Stadt, die durch Fliegerangriffe während des Zweiten Weltkriegs zu mehr als der Hälfte zerstört worden war, durchaus entgegen. Man benötigte Ersatz für den verlorenen Hotelraum, zumal die Frankfurter Messe wieder auflebte. Infolgedessen begrüßten Stadtverwaltung und Messeleitung den Ausbau des alten Verbandshauses zu einem Hotel:

103

*Der Frankfurter Oberbürgermeister Dr. Walter Kolb im Gespräch mit dem Hotelier
und Küchenmeister Anton Krätz im »Haus der Kochkunst«.
Das Haus stand vor allem auch den vielen ausländischen Gästen
während der Frankfurter Frühjahrs- und Herbstmesse zur Verfügung.*

104

»Da sich Frankfurt als Messestadt, in der ja auch im Herbst 1951 die Kochkunst-Ausstellung stattfinden wird, stark entwickelt hat, ist das Haus während der Messezeiten des öfteren der Platz an dem offizielle Empfänge der Stadt Frankfurt stattfinden, und so wurde wiederum dieser Betrieb während der Internationalen Frühjahrsmesse in Frankfurt/M. für den feierlichen Empfang der ausländischen Messegäste und der Prominenz ausersehen. An mehreren Tagen fanden hier Sonderessen für ca. 200 Personen statt. Auf ausdrücklichen Wunsch der ausländischen Gäste wurde an Einzeltischen und nicht an einer Tafel serviert.

Die erste Kochkunstausstellung nach dem Krieg 1951 führte 217 000 Besucher nach Frankfurt, wovon 215 000 aus dem Inland und 1 800 aus dem Ausland kamen.«

In seinem Stimmungsbild, das er eigens für die hier vorliegende Dokumentation verfaßte, erinnert sich Karl Adam daran, wie er nach dem Krieg erstmals die Neonreklame des »Hauses der Kochkunst« aus der Frankfurter Trümmerlandschaft hervorleuchten sah:

»Erinnerung an das Haus der Kochkunst in Frankfurt

Als man gerade aufhörte, sich bei der Bahnfahrt durchs Fenster zu heben, und man zum Übernachten in einem Gasthof keine Bettwäsche, Seife und Kartoffeln mehr mitbringen musste, kam ich bei Dunkelheit auf dem Hauptbahnhof in Frankfurt/M. an. Als ich mit meinem Pappköfferchen in Richtung Kaiserkeller tippelte, überstrahlte eine Leuchtschrift die Masse der dunklen Häuser. › Weinrestaurant-Hotel Haus der Kochkunst ‹. Sofort schoß mir durch den Kopf: Ist ja klar — Frankfurt war schon zur Zeit Goethes ein internationales Pflaster, wo so nahe gelegen am Main und Rhein, wo köstlicher Wein wuchs und wächst, da wusste man auch zu speisen. Der Name Lacroix tauchte sofort auf, und er ist ja bis heute ein Symbol für Kochkunst in Deutschland geblieben. Wie klug und wie völkerverbindend, dachte ich mir, nicht wie in München, wo es das Haus der › Deutschen Kunst ‹ gab, man nennt es heute freilich auch › Haus der Kunst ‹, nannte der derzeitige Besitzer dieses Unternehmen › Haus der Kochkunst ‹. Sie ist ja ohnehin international und, wie die Musik, bei allen Menschen dieser Welt, ohne daß man das Wort der anderen Sprachen kennen muß, verständlich, weil sie vom Herzen kommt und zum Herzen geht. In das Haus wagte ich mich nicht, denn ich fuhr noch mittellos zu den wenigen Betrieben, die es überhaupt gab, und

Ansicht Untermainkai 33 mit der zum Main zugewandten Seite.

suchte nach einer Kochstelle. Was lief, waren die wenigen amerikanischen Häuser, und dort wirkten die älteren Kollegen, die daheim waren, als man sie benötigte. Gleichwohl wird mir diese leuchtende Schrift ›Haus der Kochkunst‹, in einer weiß Gott tiefdunklen Zeit wie ein weithin blinkender Leuchtturm in Erinnerung bleiben, der Satz stimmt eben doch: Wenn alle Künste untergehen, die edle Kochkunst aber bleibt bestehn!«

Aber schon 1952 war durch den plötzlichen Tod des Hoteliers Anton Krätz der Fortbestand des »Hauses der Kochkunst« in Frage gestellt. Im September des Jahres 1954 wurde das Anwesen zwangsversteigert. Beim Verband der Köche Deutschlands als Nachfolgeverband des IVdK bestand damals kein Interesse mehr, das ehemalige Verbandshaus wiederzuerwerben. Es ging in den Besitz der »Definitiv Kontroll-Buchhaltung GmbH« in Frankfurt über, aus deren Hand es an die heutige Eigentümerin Marianne van Mastrigt kam.

Es ist bedauerlich, daß der Bau seiner eigentlichen Zweckbestimmung entzogen wurde. Trotz des Wiederaufbaus in leicht veränderter Form strahlt das Gebäude in der Windmühlstraße 1 noch etwas von dem ehemaligen Flair, den das Kochkunstmuseum hatte, aus, zumal die jetzige Besitzerin den im Zweiten Weltkrieg ausgebrannten Dachstuhl ähnlich seiner ursprünglichen Form wiederherstellen ließ. Bei einem Besuch des heute als Bürohaus genutzten Gebäudes lassen sich überall Spuren der Vergangenheit finden. Sogar die Küchenfliesen im Souterrain, wo einstmals die Lehrküche untergebracht war, hängen noch an der Wand.

Betritt man, eingestimmt durch den Anblick der imposanten Fassade, das vierstöckige Gebäude, so fällt die Schlichtheit in der Raumgestaltung des Entrees auf. Die alten Stuckarbeiten und die schönen Wandgemälde sind verschwunden. Auch der Platz der marmornen Ehrentafel des IVdK ist heute leer. Im großen und ganzen wurden jedoch lediglich geringe Zugeständnisse an die heutige Nutzung (Einbau eines Aufzugs, Einsetzen von Doppelfenstern, zum Teil Klimatisierung, Teppichbodenbelag u.ä.)

◄

Auf diesem Bild erkennt man sehr gut das während der Restaurierung ausgebaute französische Mansardendach.
Die unteren vier Fenster im Hochparterre gehören zum 400 m² großen Museumssaal.

gemacht. Der ehemalige Museumssaal, der als Großraumbüro benutzt wird, ist in der spektakulären Raumkonzeption völlig unversehrt geblieben, wenn allerdings auch hier teilweise der Schmuck an der Decke und den Säulenkapitellen verlorenging.

Obwohl eine Wiederbelebung des Frankfurter Kochkunstmuseums am alten Platz durchaus möglich wäre, ist dies bisher noch niemandem in den Sinn gekommen. Dabei zeigt gerade eine Besichtigung des inzwischen unter Denkmalschutz stehenden Gebäudes Ecke Windmühlstraße/Untermainkai in Frankfurt am Main, daß ein neues Kochkunstmuseum gerade hier, an seinem traditionellen Ort, einen repräsentativen und angemessenen Rahmen finden könnte.

Ausblick

Der Verband der Köche Deutschlands e.V. hat die Verlegung seines Sitzes von Frankfurt am Main nach Eltville oder an einen anderen Ort aufgegeben. Es besteht unvermindert großes Interesse an der Pflege des Geschichtsbewußtseins und der Tradition in der Köcheschaft. Das Kochkunstmuseum nach Banzerschem Vorbild soll in Frankfurt am Main, dem angestammten Platz, neu belebt werden.

Das im großen und ganzen erhalten gebliebene Haus in der Windmühlstraße, das nahezu 35 Jahre lang das alte Kochkunstmuseum beherbergte, wäre für heutige Zwecke des Museums durchaus noch geeignet. Überall ist hier noch Banzers Wirksamkeit und Weitblick spürbar, dem es zu verdanken ist, daß das Gebäude in der Raumkonzeption und Funktionalität fortschrittlich und zukunftsweisend angelegt wurde. Das ehemalige Verbandshaus würde sich aber vor allem auch durch seine Nähe zum Museumsufer für ein neubelebtes Frankfurter Kochkunstmuseum anbieten. Das neue Museum für Kochkunst und Tafelwesen ließe sich somit als glanzvolle Perle in die schön gefügte Kette der Frankfurter Museen einreihen.

Sicher würde ein solches Institut auf reges Interesse bei der Öffentlichkeit stoßen. Schließlich ist die Kochkunst inzwischen Gegenstand des lebhaften Meinungsaustausches — nicht nur bei Fachleuten und Hausfrauen. Aus den Medien sind entsprechende Beiträge, wie Rezeptempfehlungen, nicht mehr wegzudenken. Zudem könnte die einschlägige Industrie als Förderer eines solchen Instituts gewonnen werden, zumal ihr im Gegenzug ein Museum, das sich mit Speis und Trank und den damit verbundenen Dienstleistungen befaßt, als Marketinginstrument dienen könnte. Auch der Museumspraktiker müßte fasziniert sein von dem Gedanken, in seinem Institut mit Essen und Trinken einen Kulturträger darstellen zu können, den jeder täglich in Anspruch nimmt.

Im Sinne Banzers sollte jedoch die Museumskonzeption erweitert werden und nicht nur ein Kochkunstmuseum, sondern ein »Museum für Tafelkultur« geschaffen werden. Dies entspricht den Ideen Banzers, wie sie schon 1907 bei der Umbenennung des Fachblattes »Kochkunst« in »Kochkunst und Tafelwesen« zum Ausdruck kamen. Ein Museum für Tafelkultur umfaßt nicht nur den Berufsstand der Köche. Alle Berufsgruppen des Gastgewerbes wären hier zur Mitarbeit aufgerufen und könnten sich dort repräsentiert wissen.

»Tafelkultur« ist als der Dachbegriff von »Kochkunst — Tafelservice — Tafelwesen« zu fassen. Was man unter »Kochkunst« versteht, ist allgemein bekannt: Kochkunst ist die Begabung und Fähigkeit, Nahrung und Getränke, also Speis und Trank, nicht nur wohlschmeckend, sondern auch leicht verdaulich, nahrhaft und gedeihlich für die menschliche Ernährung zuzubereiten. Die Pflege der Kochkunst wird heute durch die Medien allgemein gefördert. Tafelservice und Tafelwesen führen dagegen eher ein Schattendasein im Bewußtsein der Öffentlichkeit. Gerade hier müßte ein Museum für Tafelkultur ansetzen, um auch Tafelservice und Tafelwesen in Verbindung zur Kochkunst populär zu machen. Doch was kann man nun unter »Tafelservice« und »Tafelwesen« verstehen?

Die Gesetzmäßigkeit des »Tafelservice« beruht auf Logik und Ästhetik. Die Logik findet im Tafelservice bevorzugt eine starke Ausprägung, geht aber mit der Ästhetik eine Harmonie ein, die zur Veredelung des Tafelservice und zur Tafelkultur führt. Der Dualismus logischen Denkens und geschmackvollen Schönheitswertes macht den zeitüberdauernden Tafelservice aus. Das Umfeld des Tafelservice, also die Tafel selbst, bildet wiederum das existentielle Herzstück des Tafelwesens, an dem sich durch alle Zeiten hindurch sowohl gesellschaftliche als auch modebedingte Trends zeigen, die es zu analysieren gilt. Das zu schaffende Museum für Tafelkultur könnte der Wissenschaft Grundlage für eine entsprechende Forschungstätigkeit bieten.

Die Neugestaltung eines Museums für Tafelkultur in der Windmühlstraße in Frankfurt am Main setzt eine moderne Museumskonzeption voraus. Zunächst müßte der helle, freundliche Museumssaal wiedereingerichtet werden, und zwar nach Kriterien eines zeitgemäßen Museumsstils. Dadurch könnte ein historisches Zentrum für die internationale Gastronomie neu geschaffen werden. Dann müßte die ehemals vielgerühmte Bibliothek des Kochkunstmuseums neu gegründet werden. Damit verbunden könnte eine Informationsstelle für Sammler von Gastronomica entstehen, die gegebenenfalls ein eigenes Mitteilungsblatt herausgeben könnte. Um den Belangen von Forschung und Lehre gerecht werden zu können, müßte außerdem eine leistungsstarke und ständig aktualisierte Datenbank geschaffen werden, auf der alle bedeutenden gastronomischen Informationen abrufbereit zusammengestellt sind. Zudem ist die Einrichtung eines umfassenden Archivs für Tafelkultur wünschenswert, das u.a. Nachlässe berühmter Gastronomen und anerkannter Fachschriftsteller verwalten sollte. Doch sollte das Museum nicht nur die Grundlage für Forschung und Lehre schaffen, sondern auch direkt Forschung und Lehre ermöglichen. In diesem Sinne sollten sowohl Ernährungswissenschaftler auf dem Gebiete der Kochkunst — evtl. in der neu zu errichtenden Lehrküche — als auch Kunsthistoriker auf den Gebieten des Tafelservice und Tafelwesens, sowie Soziologen auf dem gesamten Gebiet der Tafelkultur im Museum tätig werden. Es könnten auch (Video-)Filme für den Unterricht an gastgewerblichen Berufsschulen, Berufsfachschulen und Hotelfachschulen hergestellt werden. Das Gebäude in der Windmühlstraße böte außerdem Raum für eine Geschäftsstelle des Betreibers des Museums für Tafelkultur und für ein Büro des 1988 gegründeten »Vereins zur Förderung der Tafelkultur«, der zukünftig zur Förderung des Museums beitragen will. Des weiteren könnten Räume in den oberen Etagen des Gebäudes an Firmen der einschlägigen Industrie vermietet werden, so daß die wirtschaftliche Seite des Unternehmens gesichert wäre.

Außerdem wäre eine intensive Mitarbeit des Verbands der Köche Deutschlands e.V. als Begründer des Museumsgedankens wünschenswert. Die Präsentation seiner berühmten Menükartensammlung und andere noch verbliebene Exponate aus seinem Besitz als Leihgabe könnten dem gesamten Unternehmen dienlich sein.

Die Publikumswirksamkeit eines solchen Unternehmens ist nicht zu unterschätzen, wie die Erfahrungen aus dem alten Kochkunstmuseum zeigen. Es ermöglicht eine breit angelegte Aufklärungsarbeit auf allen Gebieten der Gastronomie, ebenso wie die Pflege internationaler und deutsch-deutscher Beziehungen auf berufsbezogener Basis.

Wenn das vorliegende Buch die Geschichte und den Untergang des Frankfurter Kochkunstmuseums zu dokumentieren versucht, so will es nicht nur die Erinnerungen an ein einmaliges Kulturinstitut und seinen Schöpfer Matthäus Carl Banzer vor dem Vergessen bewahren. Vielmehr will es dazu begeistern, im Sinne Banzers erneut tätig zu werden. Man könnte zunächst eine Erinnerungsschau an das Frankfurter Kochkunstmuseum im Historischen Museum ins Auge fassen, die eine breitere Öffentlichkeit auf die Aufgabe aufmerksam macht, die diese Tradition mit sich bringt. Dann könnte in der Windmühlstraße in Frankfurt am Main ein Museum für Tafelkultur als Nachfolgeinstitut des Kochkunstmuseums entstehen, das ein hervorragendes Fundament für die Pflege der Fachkultur auf dem Gebiet von Kochkunst, Tafelservice und Tafelwesen bietet.

Zeittafel

3. Febr. 1867 * Matthäus Carl Banzer

1894 Erste Ausstellung für Kochkunst, Bäckerei, Conditorei und verwandte Gewerbe sowie für Volksernährung und Armeeverpflegung in Frankfurt am Main.

Dez. 1895 Gründung des »Vereins der Köche« in Frankfurt am Main. M.C. Banzer wird Vereinssekretär.

1896 Gründung des »Internationalen Verbandes der Köche« (IVdK) in Frankfurt am Main. Der Mitbegründer M.C. Banzer wird Verbandsdirektor.

1896/97 Erscheinen des ersten Verbandsorgans »Zeitung der Köche«.

1898 Erstes Erscheinen der Fachzeitschrift »Kochkunst«, herausgegeben vom Internationalen Verband der Köche.

12. bis 22. Okt. 1900 1. Internationale Kochkunst-Ausstellung (IKA) in Frankfurt am Main. Banzer fungiert fortan bis 1934 als Technischer Leiter dieser Ausstellung.

1905 2. Internationale Kochkunst-Ausstellung in Frankfurt am Main. Anläßlich der 2. IKA erscheint erstmals »Die Restaurationsküche« von Banzer/Friebel.

1907 Die Zeitschrift des IVdK erscheint fortan unter dem erweiterten Titel »Kochkunst und Tafelwesen«.

5. März 1908 Grundsteinlegung für das Verbandsdirektionsgebäude und Kochkunstmuseum des IVdK in der Windmühlstraße 1 in Frankfurt am Main.

1909 Eröffnung des Verbandshauses und Kochkunstmuseums in der Windmühlstraße 1 in Frankfurt am Main.

30. Sept. bis 11. Okt. 1911 3. Internationale Kochkunst-Ausstellung in Frankfurt am Main.

1912 Der Vorschlag, eine Fachschule für Köche zu gründen, wird von der Verbandsleitung des IVdK abgelehnt.

1914 bis 1918 Während des Ersten Weltkriegs müssen die Verbandstätigkeit und das Wirken des Kochkunstmuseums eingeschränkt werden.

Dez. 1914 Letzte Ausgabe von »Kochkunst und Tafelwesen«, dessen Erscheinen während des Krieges eingestellt werden muß.

1917 Zusammenschluß des Internationalen Verbandes der Köche in Frankfurt am Main mit dem Berliner Verband der Köche. Die Berliner Verbandszeitschrift »Die Küche« geht an den IVdK über, erscheint jedoch zunächst nicht.

1920 Gründung einer Lehrküche im Direktionsgebäude des IVdK in der Windmühlstraße 1 in Frankfurt am Main. Zugleich wird dort ein Hörsaal für fachwissenschaftliche Vorträge und eine Versuchsanstalt für kulinarische und küchentechnische Neuheiten eingerichtet.

Mai 1920 Die Verbandszeitschrift »Die Küche« tritt an die Stelle der 1914 eingestellten »Kochkunst- und Tafelwesen«.

1. Januar 1921 Der IVdK überläßt seine gewerkschaftliche und sozialpolitische Tätigkeit der Einheitsorganisation der Gasthausangestellten.

1922 Wegen der schlechten wirtschaftlichen Situation muß die Lehrküche vorübergehend geschlossen werden.

Dez. 1922 Das Erscheinen von »Die Küche« muß infolge der Inflation vorläufig eingestellt werden.

Jan. 1925 Wiedererscheinen von »Die Küche«, Fachredakteur Carl Friebel.

24. Okt. bis 4. Nov. 1925 4. Internationale Kochkunst-Ausstellung in Frankfurt am Main.

1928 Gründung des »Weltbundes der Köche«, dessen 1. Ehrenpräsident Auguste Escoffier wird.

12. bis 23. Okt. 1929 5. Internationale Kochkunst-Ausstellung in Frankfurt am Main.

16. Oktober 1929 Während der 5. IKA hält das Direktorium des »Weltbundes der Köche« seine erste Sitzung in Frankfurt am Main ab.

1931 Adolphe Meyer vermacht seine bedeutende gastronomische Bibliothek (1 500 Bände) dem Frankfurter Kochkunstmuseum.

1933 Nach der Machtübernahme Hitlers soll das Kochkunstmuseum zunächst nach Berlin verlegt werden, doch dieses Vorhaben wird nicht durchgeführt.

2. Mai 1933 Wie alle Gewerkschaften und Berufsverbände, wird auch der IVdK »gleichgeschaltet« und geht in der Deutschen Arbeitsfront (DAF) auf.

19. Januar 1934 Feierlichkeiten anläßlich des 25jährigen Bestehens des Frankfurter Kochkunstmuseums.

23. Januar 1934 Gründung der »Gesellschaft zur Förderung der Kochkunst«, deren »Führerrat« seinen Sitz in Berlin hat.

6. bis 17. Okt. 1934 6. Internationale Kochkunst-Ausstellung in Frankfurt am Main.

8. Jan. 1935 M.C. Banzer wird als Direktor des IVdK in den Ruhestand verabschiedet. Im Jahr darauf zieht er von Frankfurt in sein Wohnhaus nach Langen, um dort seinen Lebensabend zu verbringen.

12. Febr. 1935 † Auguste Escoffier.

1937 Gründung der »Reichskochschule«, die fortan ihren Sitz in der ehemaligen Lehrküche des IVdK hat.

1937/38 Walter Bickel wird Direktor der Reichskochschule und Kurator des Kochkunstmuseums.

1938 Verlegung der Reichskoch- und Sprachenschule von der Windmühlstraße 1 in die Villa Sommerhoff, Gutleutstraße 318.

9. bis 20. Okt. 1938 7. Internationale Kochkunst-Ausstellung in Frankfurt am Main.

1939 Das Verbandshaus des IVdK in der Windmühlstraße geht auch formell an die DAF über.

1942 Infolge Bombenschadens muß die Reichskochschule geschlossen werden.

3. Febr. 1942 Der 75. Geburtstag M.C. Banzers wird mit einer offiziellen Feier im Frankfurter Hof in Frankfurt am Main begangen. An diesem Tag schreibt sich Banzer in das Goldene Buch der Stadt Frankfurt am Main ein.

12. Sept. 1944 Als in sternklarer Nacht über dem Kern der Frankfurter Innenstadt bei einem Fliegerangriff 55 Minen, 2 000 Sprengbomben, 220 000 Stabbrandbomben und 15 000 Phosphorbomben abgeworfen werden, wird auch das Kochkunstmuseum getroffen. Der Dachstuhl des Gebäudes brennt aus, die unteren Stockwerke sind dadurch z.T. unzugänglich geworden.

1945 Beim Einmarsch der Amerikaner wird M.C. Banzers Wohnhaus in Langen von der Besatzungsmacht teilweise geräumt. Leider gingen infolgedessen wertvolle Erinnerungsstücke an glanzvolle Zeiten der Kochkunst — teilweise durch mutwillige Zerstörung — verloren.

19. Sept. 1945 † Matthäus Carl Banzer.

2. März 1948 Nach langwierigen Verhandlungen mit den Behörden und der amerikanischen Militärregierung kann sich der »Verband der Köche Deutschlands« (VKD) als Nachfolgeorganisation des IVdK in das Vereinsregister der Stadt Frankfurt am Main eintragen lassen. Es ist damit die rechtliche Grundlage für eine Rückgabe des Hauses in der Windmühlstraße an den Verband geschaffen.

1949 Das Haus in der Windmühlstraße 1 wird vom VKD an den bisherigen Pächter Anton Krätz († 1952) verkauft, der das teilzerstörte Gebäude wieder aufbaut und darin das Hotel »Haus der Kochkunst« einrichtet.

21. Sept. bis 1. Okt. 1951 Kochkunstschau und Bundesfachschau für das Hotel- und Gaststättengewerbe in Frankfurt am Main.

1955 Das Haus in der Windmühlstraße 1 geht über an die »Definitiv Kontroll-Buchhaltung GmbH«, Frankfurt am Main.

30. Sept. bis 7. Okt. 1956 9. Internationale Kochkunst-Ausstellung in Frankfurt am Main.

13. Okt. 1959 Auf Initiative von Eugen Lacroix und Walter Bickel wird in Bad Soden die »Gastronomische Akademie Deutschlands« mit Sitz in Frankfurt am Main gegründet.

116

2. bis 9. Okt. 1960 10. Internationale Kochkunst-Ausstellung in Frankfurt am Main.

30. Sept. 1964 † Eugen Lacroix.

30. Okt. bis 6. Nov. 1964 11. Internationale Kochkunst-Ausstellung in Frankfurt am Main.

12. bis 20. Okt. 1968 12. Internationale Kochkunst-Ausstellung in Frankfurt am Main.

8. bis 15. Okt. 1972 13. Internationale Kochkunst-Ausstellung in Frankfurt am Main.

21. bis 28. Okt. 1976 14. Internationale Kochkunst-Ausstellung in Frankfurt am Main.

1978 Die heutige Besitzerin Marianne van Mastrigt, Frankfurt am Main, erwirbt das Haus in der Windmühlstraße 1, das an eine große jugoslawische Firma vermietet ist.

24. bis 30. Okt. 1980 15. Internationale Kochkunst-Ausstellung in Frankfurt am Main.

26. Febr. 1982 † Walter Bickel.

12. bis 18. Okt. 1984 16. Internationale Kochkunst-Ausstellung in Frankfurt am Main.

13. Nov. 1984 Eintragung des Hauses Windmühlstraße 1 (= Untermainkai 33) in das Denkmalbuch des Landes Hessen.

18. Mai 1988 Gründungsversammlung des »Vereins zur Förderung der Tafelkultur« in Frankfurt am Main.
Gründungsmitglieder: S.K.H. Moritz Landgraf von Hessen, Kronberg; Generalkonsul Bruno H. Schubert, Frankfurt am Main; Stadtkämmerer Ernst Gerhardt, Frankfurt am Main; Annemarie Steigenberger, Frankfurt am Main, bei der Gründungsversammlung vertreten durch ihre Tochter Katharina Momberger; Gerd Schüler, Dreieich; Walter Schwarz, Frankfurt am Main; Knut Günther, Frankfurt am Main. Zweck des Vereins ist die Neugründung eines Museums für Tafelkultur in der Windmühlstraße 1 in Frankfurt am Main, sowie die Wiedererrichtung der verlorenen Bibliothek des Kochkunstmuseums und die Gründung eines Archivs für Gastronomie.

17. Okt. 1988 Erfolgreiches Gala-Diner zugunsten des geplanten »Museums für Tafelkultur« im Ratskeller der Stadt Frankfurt am Main.

28. Nov. 1988 Der Verein zur Förderung der Tafelkultur enthüllt eine von der Nestlé Deutschland AG gestiftete Gedenktafel am Hause Windmühlstraße 1:
»Zum Gedenken an den früheren Internationalen Verband der Köche und seinen Verbandsdirektor M.C. Banzer zur 80. Wiederkehr der Eröffnung des Kochkunstmuseums in diesem Gebäude — 1909—1989«.

März 1989 Der Verband der Köche Deutschlands e.V. gibt seine Pläne, in Eltville eine Akademie der Kochkunst mit einem Kochkunstmuseum zu gründen, auf. Der Verband der Köche verfolgt interessiert die zukünftige Arbeit des neugegründeten Vereins. Eine Mitarbeit des Verbandes wäre begrüßenswert.